U0529644

少年邓小平

SHAO NIAN DENG XIAOPING

徐鲁 著

人民东方出版传媒
People's Oriental Publishing & Media
东方出版社
The Oriental Press

图书在版编目（CIP）数据

少年邓小平 / 徐鲁著 . -- 北京：东方出版社，
2025. 3. -- ISBN 978-7-5207-4113-2

Ⅰ . A762-49

中国国家版本馆 CIP 数据核字第 2024NW6976 号

少年邓小平
（SHAONIAN DENG XIAOPING）

作　　者：	徐　鲁
策 划 人：	王莉莉
责任编辑：	张　旭　李　莉
产品经理：	李　莉
出　　版：	东方出版社
发　　行：	人民东方出版传媒有限公司
地　　址：	北京市东城区朝阳门内大街 166 号
邮　　编：	100010
印　　刷：	优奇仕印刷河北有限公司
版　　次：	2025 年 3 月第 1 版
印　　次：	2025 年 3 月第 1 次印刷
印　　数：	1—8000 册
开　　本：	660 毫米 ×960 毫米　1/16
印　　张：	15
字　　数：	155 千字
书　　号：	ISBN 978-7-5207-4113-2
定　　价：	39.80 元
发行电话：	（010）85924663　85924644　85924641

版权所有，违者必究

如有印装质量问题，我社负责调换，请拨打电话：（010）85924602　85924603

写给读者朋友们的话

亲爱的读者朋友们，这本文学传记，将为你们讲述邓小平（1904—1997）童年和少年时代一些鲜为人知的故事。

1904年8月22日，在四川省广安县协兴镇牌坊村的一个农家小院里，一个小男孩呱呱坠地。当然，这个时候，谁也不会想到，许多年之后，当这个婴儿长大成人，他会成为一位推动了整个中华民族的历史进程，并且对整个世界也产生了重要影响的巨人，他会成为中国社会主义改革开放和现代化建设的"总设计师"，成为书写中华民族的振兴大业和改革腾飞史诗的一代伟人和领导者。这个人就是邓小平。

在他出生一个世纪之后，人们也将因为这位世纪伟人诞生在这里，而重新打量川东坝上那个被慈竹和绿树所掩映的小村庄。

从华中地区前往重庆的火车，一般都是在黎明来临之前，到达广安县城。2004年春天，本书作者正是在整个川东坝上尚未醒来、人们都还沉浸在甜蜜梦乡的黎明时分，下了火车，再坐上一辆小巴车，用了大约半个小时，就到达了协兴镇牌坊村。这个时候，天刚蒙蒙亮。

这个偏僻的川东小乡村，一切看上去似乎都是平静的。长期以来，川东农民们日出而作，日落而息，在竹木遮掩和炊烟袅袅的小村落里，过着数百年来一成不变的日子。离邓小平出生的邓家院子不远处，有一个小小的池塘，名叫"清水塘"。每天早晨或傍晚时分，牌坊村的妇女们就会到这里淘米、杵衣，拉拉家常。沿着清水塘往上走一段小路，就可看见一片郁郁青青的桑园。桑树深处有一栋坐北朝南、悬山式木结构的小青瓦屋。这栋小瓦屋就是邓家的蚕房院子……

有一座高高的青石牌坊，矗立在牌坊村外的大路上。无边的田野向四周伸展着。春天的油菜花，铺展着一片耀眼的金黄；高大的黄桷树上，每一片叶子都是那么翠绿……

这一切，都仿佛在讲述着一个事实：寒来暑往，柳色秋风；斗转星移，沧海桑田……历史的脚步，总是沉重而又艰辛；但历史的脚步从来都不会无端地停止，即使是在偏远、恬静的，仿佛时光走得格外缓慢的古老村庄里。

就是在这个春天，作者开始了对邓小平童年和少年时代的生活、求学与成长经历的探寻与采访。本书也正是从这个小村庄开始,以散文故事的形式,讲述了邓小平幼年、童年、少年以至青年时代的成长历程:从出生到进入私塾发蒙念书;从乡场上的北山初等小学堂、广安县立高等小学堂再到广安县中学堂;直到15岁那年,他从重庆留法勤工俭学预备学校毕业后,沿着长江走出四川,走出国门,前往法兰西寻找救国救民的梦想。

村庄、田野、山冈、河流、桑园,还有一个个的小学堂、中学堂,以及故乡大地上四季的风雨,风起云涌的年代里各种新思潮的吹袭和涤荡,辗转异国他乡艰辛的劳动和求学生活……这一切,都见证了一代伟人早年所留下的曲折而坚实的生命的脚印,以及追求理想、追求真理的串串足迹……

邓小平

1920年赴法勤工俭学时的邓小平。

目 录 CONTENTS

1	襁褓里的孩子	/ 001
2	名字中的期望	/ 008
3	风起云涌的年代	/ 013
4	牌坊村的邓氏家族	/ 017
5	重振"书香门第"	/ 022
6	慈竹掩映的幼年时光	/ 028
7	翰林院子里的小学童	/ 035
8	妈妈的微笑	/ 043
9	邓家老井	/ 049
10	蚕房院子	/ 054
11	风雨小学堂	/ 059

12	"鬼屋"和"神龟"	/066
13	五块银圆哪里去了	/074
14	清明时节雨纷纷	/081
15	保路风潮的洗礼	/091
16	春洪涌进了渠江	/099
17	在广安高等小学堂里	/105
18	制止"割肝救母"的悲剧	/111
19	锄禾日当午	/122
20	翠屏山上的弦歌	/128
21	莫等闲,白了少年头	/135
22	"德先生"与"赛先生"	/141

23	法兰西梦想	/147
24	告别故乡	/152
25	大海茫茫	/158
26	初到法兰西	/171
27	巴耶中学的短暂时光	/179
28	钢铁厂的小轧钢工	/183
29	艰辛的滋味	/189
30	在哈金森橡胶工厂里	/196
31	少年奋斗者	/202
32	"油印博士"	/214
尾声	再见，法兰西	/222

— 1 —
襁褓里的孩子

鸣叫了整整一个夏天的蝉儿，终于显得有些疲倦了。听得出来，它们的歌声正在变得喑哑和微弱。

整个夏天里，每天都来清水塘游弋和宿营的那对小野鸭，也开始啄整自己的羽毛，准备迁徙到更温暖的地方去。因为它们已经感觉到了，虽然暑热还藏在一些好客的人家，但在这川东山岭间，秋天的凉意已经漫过了山坡，穿过了竹林，来到了第一场秋雨下过之后的乡场上。

这一天，是公元 1904 年（清光绪三十年）8 月 22 日。

午后，久旱不雨的川东坝子上，又淅淅沥沥地下起了小雨。坝子上的乡亲们说，这立秋后的雨是喜雨，也许是有啥子喜事要出现哩。

果然，在广安县城北面协兴场上的一个院坝[1]里，有一家人正在忙忙碌碌着，准备迎接一个婴儿的出世。

这家的主人姓邓，名绍昌，字文明，乡亲们都叫他邓文明。他的妻子姓淡，按照那个年代的习惯叫法，人们都称她为邓淡氏。因为在苦难的旧中国，广大劳动妇女的地位都比较低下，低得甚至没有自己的名字，名字对于她们来说几乎就是奢侈品。她们出嫁之后，一般都在自己的姓氏前加上夫姓，然后就被人称为"某某氏"。邓绍昌的妻子邓淡氏也不例外。

此时，邓绍昌正在自家的院坝里焦躁不安地踱着步子。小雨打湿了他的衣衫，他也不在乎。他焦急的眼神里分明还带着几分兴奋，几分期待……

两年前，他们已经有了一个女儿。现在，他期盼着妻子能为他生一个儿子。这是因为，如果没有儿子，按照旧中国的传统观念来看，将来邓家的这份家业靠谁来继承下去，邓家的门庭凭什么支撑起来，势必成为一个大问题呢！何况，在川东乡村，"不孝有三，无后为大"这句千年古训，人们更是常常挂在嘴上。有哪个男子愿意背上这等沉重的名声？

"哦，列祖列宗在上，求你们看在我邓家几代人克己为人、

---

1 院坝：房屋前后的平地。

济贫扶弱、行善积德的分上,保佑我邓绍昌得个男娃儿吧!"

邓绍昌在雨中双手合十,默默地祈求列祖列宗在天之灵赐福给他。他在心中默默许愿:"……如蒙列祖列宗恩赐,让绍昌如愿以偿,得了男娃儿,绍昌一定忠于父职,勤加管教,让他日后不仅成为邓家的顶梁柱,还能为国为民尽忠尽职,决不辱没邓家的门庭……"

时间不知不觉过去了好久。

邓家院子里,只见那个被盛情请来为邓淡氏接生的石婆婆,不时地从产妇所在的那个厢房里进进出出,煞是忙碌。

厢房里不时传出妻子痛楚的声音,这声音一阵阵揪紧邓绍昌的心,他多想进产房去看妻子一眼啊,哪怕给她擦一擦脸上的汗珠都会对她有所安抚呢。但这一带的迷信乡俗又使他不能越雷池半步:产妇生产时,产房是不允许男子进入的,即便是丈夫也不允许!

邓绍昌只好站在院子里向厢房里张望,心里干着急。当他看见石婆婆出来了,便大步迎上去:"石婆婆,有劳您老人家啦!还没有动静吗?"

"看把你急的!文明,你放心,有我老婆子在,保准让大人和娃儿都平平安安的。你这个小娃儿呀,和当娘的真是贴得紧哟,像是不愿离开亲娘的怀抱一样!这样的娃儿,日后才有孝心哪！"

"但愿如此啊！石婆婆，您这样辛劳地迎接一个个小娃娃出世，也是积德啊！快进去吧，免得娃儿他妈又痛得叫出声来……"

从午后一直等到夜色降临，邓绍昌不知道在院坝里和厢房外的檐廊徘徊多少趟了。

他未满三岁的女儿先烈正在牙牙学语，站在厨房的门口张着小嘴喊着："爸……吃饭饭……"

原来已经到了吃晚饭的时辰了。可邓绍昌哪有心思吃饭呢！他看了看院坝外的景色：雨后的漠漠水田，在夜色里发出水银般的亮光；一片片秀丽的慈竹林，正在微风里沙沙作响；晚归的人们，正打着火把沿着田埂走回村庄……

突然，从产房里传出一阵响亮的婴儿的啼哭声："哇……哇……"

这声音好大哦！大得让生活在院坝内外的人家都能听见。

"恭喜呀，文明，是个男娃儿！"石婆婆喜冲冲地从产房里走出来报喜。

"真是个男娃儿吗？"

邓绍昌高兴得有点儿手足无措了。他一边向石婆婆道谢，一边三步并作两步，掀起门帘就进了厢房。

这时候,被包裹在小小襁褓中的婴儿,好像在用哭声宣告他来到这个世界的"仪式"已经结束,他紧闭着小眼儿,安静地依偎在妈妈的身边,甜蜜地享受着妈妈目光的"爱抚"。

邓淡氏的脸色因为生产的折腾而有些苍白和疲惫,但她的目光里仍然流露着无限的喜悦。见丈夫兴奋地奔了进来,她用目光示意了一下小小的襁褓,轻柔地说道:"文明,我们邓家有男娃儿了!"

"儿子!我的儿子!……"

邓绍昌伸出一双大手，把襁褓中的儿子轻轻地、小心翼翼地抱在怀中。

这个时候，这位年轻的父亲当然不会想到，许多年后，这个孩子长大成人，会成为一位推动整个中华民族历史进程，并且产生了世界性影响的巨人，成为书写中华民族振兴大业和改革腾飞史诗的一代伟人和领导者！

这个襁褓中的婴儿就是邓小平。

不过，这时候他还不叫邓小平。

他的父亲邓绍昌为他取的名字叫邓先圣。

他所出生的这个小村庄，就是四川省广安县城以北约二十里处的一个集镇——协兴镇的牌坊村。

这个小村庄，现在也因为诞生和养育过这位中国人民伟大的儿子而闻名于世。

邓先圣出生之时，自然和当时全国各地乡村出生的孩子一样，并没有什么特别之处。正如后来邓小平的女儿毛毛在她写的那本《我的父亲邓小平（上卷）》里所说的那样，邓小平只不过是那年诞生的千千万万个婴儿中的一个。可是，"因为父亲现在著名了，所以我们家的一些亲戚和乡里的人便传说父亲出生时曾经出现过什么吉兆，其实都是一些无稽的编造。"

不仅如此。在一位德国记者乌利·弗兰茨（Uli Franz）所写的《邓小平传》里，也有这样一个细节：

"就是在1904年，（川东的）人们还是相信，一个儿子的出生，意味着神的吉兆光临，以及家庭更加显贵。根据旧习，要在门前挂上弓箭，借此向邻居和客人宣布男孩的出世。如果出世的是个女孩，那么只需挂上一块布或一块手巾就行了。"

笔者在邓小平出生时的村庄牌坊村采访时，特意就这个风俗问了村中的好几位长者，但他们都摇摇头，对此未加肯定。当然，这个细节的真实与否，并不重要。倒是乌利·弗兰茨所写的，生了儿子，就是意味着"神的吉兆光临，以及家庭更加显贵"，这样的理解大致是不错的。对于祖辈曾经有过两代单传恐慌的邓氏家族来说，尤其如此。所以人们也就不难想象，邓先圣的降生，对邓绍昌来说是一件多么值得庆贺的事情！

2

名字中的期望

"邓先圣"这个名字，是邓绍昌在给孩子过完了"打三朝"后为他取的。

在川东乡间，孩子出生后，母亲的娘家人，也就是孩子外婆家里的人，都要赶来为孩子祝福，为产妇驱邪，这样，日后这个孩子的成长才能平安顺利。

"打三朝"的仪式一般是在婴儿出生的第三天后举行。这一天，邓绍昌早早地派人前往离协兴镇不太远的望溪乡淡家坝，请来了岳父、岳母大人——也就是婴儿的外公外婆，还邀请来了本村及邻村的其他亲朋好友。

大家欢聚在邓家院子里，高高兴兴地吃着邓绍昌为儿子降生而置办的酒席。

酒席间，人们不断地说着吉利和祝福的话语，称赞邓绍昌平时行善积德有功，如今喜得麟儿，可望重振邓家门庭……

邓绍昌不停地给客人们敬酒:"托福!托福!请多喝两盏……"

这时候的婴儿,早已经用艾叶、花椒等草药浸过的热水洗过小小的身子——据说,行过这样的洗礼后,孩子日后能避瘟驱灾、健康平安地长大成人——他被包裹在一个崭新的襁褓里,在外婆和姨妈等女性长辈的手上传来传去,而且被抱到每一位客人跟前,接受大家的祝福和爱抚。

他的妈妈邓淡氏,用毛巾紧紧地裹着头,脸上露出发自内心的喜悦。可以想象,在她的内心深处,一定正憧憬着自己儿子灿烂的未来和金色的前程……

"哎,你们看,小家伙宽宽的额头,圆头圆脑的样子,和文明简直就是一个模子刻出来的嘛!"有位客人抱着小娃娃,大声嚷嚷道。

"咦,且待老夫来看看这娃儿的面相。"一位白胡子老人显然是在座中的长者,他一边捋着长长的白胡子,一边说道。

邓绍昌赶忙把孩子抱过来:"五爷,您可是见过大世面的人,有劳您老啦!"

五爷听绍昌这么一恭维,心中自然甚为受用。他抱过孩子仔细端详了好久,然后摇头晃脑、一板一眼地说道:"文明啊,你这娃儿的面相是天庭饱满而鼻耳敦实圆润;目光灼灼而又眉帘谦谦，日后必是心力笃实、外圆内方的领军帅才……"

"要得嘛，文明，五爷的话可是不轻易说出的啊！"

邓绍昌为五爷斟满酒，心存感激地说道："五爷，托您老的吉言和祝福，犬子能够平安健康地长大成人，有所作为，以此报答乡朋亲戚的深情厚谊，绍昌也就心满意足了！来，后辈再敬您老一盏。"

"文明啊，这'打三朝'一过，小娃儿就该有个正式的名号了。你打算给娃儿起个啥子名号？"五爷一把捋起雪白的胡子，一仰面就干了邓绍昌敬上的一大杯酒，然后又满怀喜悦地问道。

"是啊，文明，古人云，'名不正则言不顺'嘛！一个人的名字，日后要千人呼、万人叫的，你可得好好思量思量啊！"说这话的，是从淡家坝来的邓绍昌的老岳父淡老先生。

"五爷，岳父，按照牌坊村邓氏家谱中'以仁存心，克绍先型，培成国用，燕尔昌荣'的辈分顺序，娃儿这一辈应是'先'字辈了。绍昌这几天对娃儿的名字已经考虑了，想叫个'先圣'，不知几位长辈觉得如何？"

"先……圣？"五爷捻着胡须，思忖道，"听上去倒是不错，其中有啥子讲究嘛？"

邓绍昌笑眯眯地说："五爷，娃儿长大后肯定是要博览孔孟之书，效仿圣德之人，努力去做个对国家有用的人。所谓'先圣'，实是绍昌的一种期望，期望这娃儿日后能学习祖先圣人至德至善的高尚品格……"

"好，这个名字要得！包含了一个为人父者的良苦用心。"

五爷满意地表示赞许。

"是啊，文明，《颜氏家训》里的《勉学》你是知道的。'人生小幼，精神专利，长成已后，思虑散逸，固须早教，勿失机也。'你的父亲，我那亲家公，平时对你的教诲是有目共睹的。希望你也好好教养这个娃儿，使他成为对家国百姓有点儿用处的人，也算替你们邓家耀祖光宗了。"

"岳父说得极是，绍昌一定恪守父职，好好教育这个娃儿……"

说着，邓绍昌又把目光投向了被客人们簇拥着的襁褓里的婴儿。

"儿子，你听到我们在说什么了吗？好好长大，为邓家争口气，不要让爹妈、亲戚和牌坊村的乡亲们失望啊！"邓绍昌在心里这么说道。

先圣！先圣！这个名字包含着他对儿子的殷殷期望。

而从出生到5岁开始发蒙[1]读书之时，"邓先圣"也就成了邓

---

[1] 发蒙：旧时指教少年、儿童开始识字读书。

小平的第一个名字。

  到了他5岁那年开始上学念书时,一位私塾先生又给他取了一个新的学名:邓希贤。

  不过,这是后话了。

  现在,他已经懵懵懂懂地来到了这个世界。

  那么,这个孩子将要面对的,又是怎样一个世界呢?

— 3 —
风起云涌的年代

邓小平出生的时候，在他的故乡——地域偏僻的川东小乡村里，一切看上去似乎都是平静的。川东农民们日出而作，日落而息，在竹木遮掩和炊烟袅袅的小村落里，过着数百年来一成不变的日子。

离邓小平出生的邓家院子不远处，有一个小小的池塘，名叫"清水塘"。每天早晨或傍晚时分，牌坊村的妇女们就会到这里淘米、杵衣，拉拉家常。

沿着清水塘往上走一小段路，就可看见一片郁郁青青的桑园。桑树深处有一栋坐北朝南、悬山式木结构的小青瓦屋。这栋小瓦屋就是邓家的蚕房院子。

房前屋后栽满了桑树。一到春天，桑树上就会发出新芽，长成绿色的桑叶。妇女和孩子会挎着篓子来采桑，然后送到蚕房里去喂养一笸一笸的蚕。

桑树年年返青，长出新叶；蚕年年吐丝，结成丝茧。小小的牌坊村，在一年四季的循环中，挨受着岁月的变迁和更替。

当时，正值 20 世纪初叶。可是生活在牌坊村的大多数人，哪里会知道，在这乡间以外的世界上，有许多大事正在接二连三地发生着。而这些事，其实也将直接影响到生活在这偏远的乡间的人们。

自 1840 年鸦片战争以来，腐败无能的清政府，面对西方列强得寸进尺的入侵和肆无忌惮的欺凌，只能苟且偷生，毫无反抗之力。

于是，一个个丧权辱国的条约签订了……

一座座港口，一个个城市，沦为帝国主义列强的殖民地……

古老的中国被折腾得遍地疮痍；贫苦百姓们生活在水深火热之中……

也就在邓小平出生这一年，俄日两国为了争夺中国东北部的战争已经爆发……

在中国国内，1900 年爆发的义和团运动，以暴风骤雨般的气势，自山东乡村迅速蔓延到了中华大地上的多个省份。义和团高举着杀洋灭教和反帝爱国的大旗，赢得了各地义士和被压迫的农民阶级的积极响应。

也就在这时，一场巨大的历史性变革正在孕育。以孙中山为首的一大批仁人志士，已经清楚地意识到了中华民族正面临着生死存亡的危急关头。他们不甘心坐以待毙，他们要寻找出路。屈辱和痛苦，愤怒与觉醒，像地火一样正在奔腾！

就在邓小平出生的这一年春天，女革命家秋瑾毅然变卖了自己的衣物首饰，挣脱封建家庭的束缚，从浙江东渡日本，去寻求救国救民的真理和志同道合的革命伙伴。

这一年，另一位革命者陈天华，与黄兴、宋教仁、刘揆一等革命党人，在湖南长沙创立了"华兴会"，谋划举行反清武装起义。由于机密泄露，起义流产。但陈天华并不气馁，他在这一年第二次登上去往日本的轮船，像秋瑾一样，继续去寻找反清救国的机会。

也是在这一年里，具有民主思想的著名文化人士蔡元培、陶成章、章太炎等，在上海成立了"光复会"。

其他还有一些进步的革命团体，如"科学补习所""日知会""爱国学社"等，都相继宣告成立。

中国民主革命的火种正在各地广泛地撒播着。清王朝专制统治的大厦已摇摇欲坠，即将坍塌……

在邓小平出生后将近一年的时间，1905年8月20日，中国民主革命的先行者孙中山，领导着一群革命志士，以华兴会、光复会，还有孙中山联合二十多位有志革命的华侨成立的兴中会等革命团体为中坚力量,在日本东京成立了中国第一个资产阶级革命政党——中国同盟会。

孙中山,名文,字德明,号逸仙,广东香山(今中山市)人。他被推选为同盟会领导人。他所提出的"驱除鞑虏,恢复中华,创立民国,平均地权"的主张,被拥戴为同盟会的政治纲领。同时,孙中山又在同盟会创办的机关报《民报》发刊词中,提出了"民族""民权""民生"的"三民主义"。从此,同盟会便成了中国大地上革命志士推翻清王朝、建立共和国的重要力量……

山雨欲来风满楼。风起云涌的年代里,风从山外吹进来,革命的火种也悄悄地撒播到了川东的土地上。

而面对这"山雨欲来"的形势,牌坊村的人们并非一无所知和无动于衷,其中也不乏觉醒之人。

— 4 —
牌坊村的邓氏家族

邓小平的父亲邓绍昌,就是川东乡间较早的觉醒者之一。

在邓小平的成长道路上,父亲是一位关键的人物,父亲的经历影响了他的一生。

不过,说来话长。

要介绍邓绍昌这个人,我们还得从一个遥远的时代——五百多年前的明代说起。

公元1371年,也就是朱元璋建立明王朝后的洪武四年,虽然天下初定,朱元璋登上皇帝宝座也已有四个年头了,但一些边疆和偏远的地方仍然战乱不断,尤其是在川陕和云贵一带,地方势力依仗着山高地远的地理屏障,割据一方,与朝廷作对。

当时来自四川的一本奏折上报告说:"……四川广安州刁民彭普贵,自称明王转世,煽动百姓,聚众数万人……"

"这还了得!反了!反了!"朱元璋一看奏折,噌的一下从龙椅上站起来，大声吩咐道，"快给我把兵部员外郎邓鹤轩叫进来……"

这年春天，朱元璋为了巩固他的江山，便派兵部员外郎邓鹤轩率兵入川，意图在较短的时间内统一四川。

邓鹤轩入川后，驻扎在位于重庆东北方向二百多里的偏僻古镇广安。由于连年来的兵荒马乱和天灾人祸，本来是丰腴之地的四川，却是一片土地荒芜、人烟稀少、万户萧疏的凄凉景象。

邓鹤轩看在眼里，痛在心上。待到四川战事稍稍安定之后，他便向皇帝建议：四川大量的土地荒废、人口流失，实在可惜，不如将人口众多的湖广百姓，迁移一部分到四川居住，相信四川的沃土比别的地方更能给百姓带来富庶的生活。不仅仅是老百姓，就是朝廷里的官员，也应鼓励他们到四川去落籍做官，带领百姓发展生产。这样岂不是既可以为圣上开拓疆域，又可以让更多的百姓安居乐业？

朱元璋采纳了邓鹤轩的建议，并同意了邓鹤轩自愿举家入川的请求，据说还奖励了邓鹤轩一百亩土地作为安家之资呢！

就这样，本来是世代居住在江西庐陵的邓氏一族，从此迁入四川广安，定居在广安州北望溪乡姚坪里——也就是如今的协兴镇牌坊村这个地方。

邓鹤轩算是牌坊邓氏的一世祖了。从一世祖邓鹤轩到邓小平这一代人，其间经历了明、清两个朝代，共五百多年的历史。

从《邓氏家谱》的世系序列推算，邓小平是牌坊村邓氏家族的第十九代子孙。

邓氏家族从他们的一世祖邓鹤轩开始，就注重树立"书香耕读和报效国家"的门风。担任过兵部员外郎，为明太祖洪武皇帝立下过汗马功劳的第一代邓鹤轩自不必说，第二代邓显，第三代邓司训，第四代邓邦直，第五代邓荣、邓杞、邓藻，第六代邓瑛，第七代邓自得、邓自高，第八代邓士昌、邓士廉……都曾在四川的历史上留下了或为朝廷命官、或为蜀中鸿儒的声名。

在明代二百多年间，邓氏家族里仅进士就出了五六位。其中八世祖邓士廉，崇祯年间中了进士，曾任广东海阳县令和吏部侍郎，明朝末年随桂王入滇缅，官为吏部尚书，晋大学士，后来以身殉国，清朝乾隆四十七年（1782年）赐谥节愍。

到了清代，邓氏家族"书香门第"的传统继续得到了发扬。第十一世祖邓琳，辅助儿子邓时敏在乾隆元年（1736年）中了进士，并进入翰林院，做了编修和侍讲。

说到这位邓翰林，现在的广安人也都引以为傲。

翰林，是封建国家选拔出来的高级人才；翰林院，就是专门为这些高级人才设立的工作和编研机构。当时的读书人都认为：两榜进士难考，翰林院更是难入。十个进士难得有一个进入翰林院。

邓时敏中了进士后,先在翰林院里做编修,后又升为侍讲。乾隆十年(1745年)又升任大理寺正卿。

大理寺,相当于现在的最高法院,执掌全国的诉讼案件;大理寺正卿,相当于最高法院院长。能得到这个职位,对于邓氏家族来说,可是一件光宗耀祖的大事!

所以,当时邓时敏人在京城,消息却早已伴着鞭炮锣鼓传到了广安牌坊村。人们奔走相告,纷纷前来牌坊村邓家院子里道喜,光贺喜的宴席,就足足摆了三天呢!

后来,邓时敏的父亲邓琳病故。按照当时清代的制度,凡是大臣遇到了父母丧亡之事,可以告假回家守孝三年。皇上批准了邓时敏的奏请。于是,邓时敏携带着家眷,一起回到了广安老家。

邓时敏为官清正,刚正不阿,而且有真才实学,上获皇上的赏识,下得乡亲百姓的拥戴。

在广安老家这段日子里,他主持整理了邓氏家族的祖谱,并且排下了我们前面曾提到的"以仁存心,克绍先型,培成国用,燕尔昌荣"的辈分顺序。

正是按照这个顺序,邓绍昌为自己的儿子取名"邓先圣"——因为依照邓时敏所定的辈分顺序,邓小平应属"先"

字辈。

邓时敏在老家一边守孝奉母,一边还抽出时间来主持修订了《广安州志》,使广安的历史从此有了比较完整和准确的文献记载。至今,广安人民仍然感念他的这一贡献。

之后,邓时敏返回京城,继续任大理寺正卿之职。数年之后,他因积劳成疾,再加上年事渐高,便上奏皇上,请求告老还乡。乾隆皇帝批准了他的请求,又念及他为官多年,尽职尽忠,政绩可嘉,便封他为"通奉大夫",意思是只要他有什么事,便可以直接向皇上通报。

邓时敏回广安后不久就病逝了。朝廷为了表彰邓时敏的政绩和德行,便下旨广安州,在邓时敏的老家姚坪里竖立起了一尊"神道碑"和一座"德政坊",作为纪念。

后来姚坪里改名为"牌坊村",就是因为这座铭刻着邓氏祖先德政的高高的牌坊。

20世纪末,邓小平的女儿毛毛在《我的父亲邓小平(上卷)》里这样写道:

"如果真如县志所言,那么这个邓翰林、邓大理寺卿,还真是一位有识有品,有学问有政绩的人呢。他的这一辈人,也的确是邓氏家族明清两朝五百年中最辉煌的一页篇章了。"

— 5 —
重振"书香门第"

高高的青石牌坊，矗立在牌坊村外的大路上。

无边的田野向四周伸展着。

春天的油菜花，铺展着一片耀眼的金黄；

夏日的稻浪、荷叶在风中翻滚；

秋天来了，高大的黄桷树上，每一片叶子都变成了琥珀色……

这一切，都在见证着一个事实：

寒来暑往，柳色秋风，斗转星移，沧海桑田……历史的脚步，总是沉重而又艰辛的；但历史的脚步从来都不会无端地停止，即使是在偏远、恬静的，仿佛时光走得格外缓慢的古老村庄里。

让我们继续讲述邓氏家族。

等到邓小平的祖父邓克达这一辈时，时光已经进入了19世

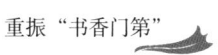

纪六七十年代,即清朝的同治年间了。这时的邓氏家族已经由盛而衰。原本世代书香、英才辈出的邓家渐渐趋于零落,用毛毛的话来说就是:"那个清初的邓翰林再风光,再为后辈感念,也毕竟不能再生了……我们这一支的后代们,看样子是怎么也沾不上那个邓翰林的阴德了。"

邓小平的祖父邓克达,在牌坊村也许只能算是一个勤俭持家的小手工业者兼农民了。他的田产大约只有十几亩吧。但他为人俭朴,勤苦肯干。除了插秧、种田之外,他还会养蚕缫丝,纺线织布。他苦苦地积攒着微薄的收入,像燕子衔泥垒窝一样,一点儿一点儿地筑造着自己的家业。

他逐年扩充和修盖而成的一座白墙青瓦的院落,呈坐北朝南的马蹄形,屋前屋后长满了秀丽的慈竹(当地人叫"钓鱼竹",因为每一棵竹子的竹梢都向下低弯着,很像垂钓时的鱼竿)。

不远处有一个长满荷花的清水塘,水塘边长满了水菖蒲一类的植物。离水塘不远的地方有一个小小的桑园,桑园深处还有一栋养蚕房,也就是现在被牌坊村人称为"蚕房院子"的地方……

每天工余饭后,欣赏着自己亲手置办起来的这份虽算不上殷实,却还稳定和完整的家业,邓克达也许会感到一种自足、自信和惬意。他的自足与惬意,也如当时许多中国乡村的自食其力者所能感到的自足与惬意一样,既真实又自然。

只是有一桩心事，一直折磨着他的神经，使他不免有点儿自卑和忧虑。那就是，从他这一代往上数，已经是两代单传了。如果膝下再没有一个男儿，那么这份家业又由谁来继承呢？

所幸的是，"苍天不负苦心人"。1886年，也就是光绪十二年，一个男婴在牌坊村呱呱坠地。邓克达就像旱苗得雨一样喜不自禁，乐不可支。

按照家族的辈分序列，他为儿子取名邓绍昌，字文明。

邓绍昌就是后来的邓小平的父亲了。

邓克达自己虽然没有读过书，一个大字都不识，但他在内心深处却常常感念和敬仰着先祖们创下的书香门第的传统。也许，他还一直抱着重振邓氏门庭、再现先祖们辉煌历史的梦想吧。所以，他的儿子稍稍长大一点儿之后，他就用省吃俭用节省下来的一点儿钱，供独生儿子进了当地的私塾。他指望着儿子好好读书，续起邓家"书香门第"的传统。为此，他苦心栽培着邓绍昌，期望有一天这个孩子能出人头地，有所作为。

川东乡间有个说法叫"好人不长寿"。像邓克达这样勤做苦扒、望子成龙的好人，老天却没有让他益寿延年。

儿子刚满12岁的时候，一场疾病夺走了邓克达年轻的生命。从此，抚养儿子的重任就落到了他的遗孀——也就是邓小平的祖母邓戴氏身上。

邓戴氏虽然是一个妇道人家，却牢记着丈夫的嘱托，一心一意抚养儿子，并且想方设法让儿子念书，甚至把儿子送到了成都法政学校读书。这在当时是相当有远见的一件事。

但是，由于当时时局动荡不安，邓绍昌只在成都法政学校念了一年多时间便回老家了。

1901年，邓绍昌15岁时，由寡母做主，给他挑中了一门亲事。女方淡家是广安望溪乡淡家坝的世家望族，其祖上曾在湖北通城、江苏嘉定等地做过知县，家教严谨，家道殷实，和当时的牌坊邓家也算门当户对——用川东乡间的俗语讲，就是"板板门对板板门，笆笆门对笆笆门"了。

淡氏是17岁嫁给邓绍昌的。1902年，他们的头一个孩子——女儿邓先烈出生。两年后，1904年，他们的长子邓先圣（邓小平）出生。后来又生了两个儿子邓先修（邓垦）和邓先治（邓蜀平）。

淡氏是一位品貌端正、勤劳善良的家庭妇女。在婚后二十多年的生活中，她相夫教子、洗衣做饭、养蚕缫丝，什么活儿都做。尤其是丈夫后来在外谋事，难以照顾家人的日子里，她更是用一个女人的全部力量，支撑起了渐趋上升状态的整个邓家。

当然，这是后话了。我们在以后的讲述中，还会更详细地讲到这位对童年邓小平的成长产生过巨大精神影响的母亲。

这里要继续说的，仍然是邓小平的父亲邓绍昌。

我们在前面已经说过，20世纪初叶，正是中国大地上民主革命风起云涌，腐朽的清王朝统治处于风雨飘摇的时代。而上过成都法政学校、见过世面的邓绍昌回到广安老家后，无疑成了当地少数具有清醒的政治意识和独立思考与判断能力的文化人之一。

按说，他已经成家立业，也有了可以继承家业的儿子，剩下的就是好好抚育孩子长大，培养孩子成为栋梁之材，朝着他父亲邓克达生前所期望的、重振邓家"书香门第"的目标努力了。

然而，邓绍昌的目光和抱负却并非仅仅这样狭窄和单一。"天下兴亡，匹夫有责。"他毕竟接受过新式教育，懂得国家的不幸、民族的屈辱与悲哀，对于个人的命运意味着什么。

以重庆为中心的川东北一带，是20世纪初较早受到资产阶级民主革命思想影响的地区之一。著名的民主革命檄文《革命军》的作者，资产阶级民主革命的宣传鼓动家和战斗者邹容，就是重庆地区的巴县人。《革命军》所传达出的振聋发聩的民主声音，响彻了当时的华夏大地，这对身处其时其地、又沐浴过新式教育和民主风潮的川东青年邓绍昌来说，无疑产生了积极的影响。

不仅如此，据《广安新志》记载，光绪二十四年（1898年），广安曾发生过反对洋教、火烧河东观音阁教堂的自发性群众斗争。有研究者说，当时年方 12 岁的邓绍昌，也随群众参加过斗争……

这一切都在说明，和自古以来甘于封闭与迟缓的小农生活的川东一般农民相比，邓绍昌显然是属于"觉醒"和"先行"的一代人。在古老的传统观念的束缚下，走出这一步，无疑是需要极大的勇气和远见的。

后来的一系列事实证明，邓绍昌正是具有这种勇气和远见的人。他勇敢地加入了川东民间帮会组织"哥老会"（又叫"袍哥会"），做了协兴"码头"的"当家三爷"（即坐了第三把交椅），后又升为"掌旗大爷"，带领民间激进群众奔走呼号，从事反对洋教运动和当时闻名全国的四川保路运动。

1911 年辛亥革命前后，广安建立了革命军，邓绍昌成了革命军中相当于排长的小指挥官，率人参加了地方上的武装暴动。

后来，邓绍昌又担任过协兴乡团总和广安县团练局局长，带兵剿伐过华蓥山一带的土匪。当然，最重要的是，他把儿子邓小平送出了川东，送出了国门，让他加入了当时一批有志青年赴法国勤工俭学，寻求救国救民真理的行列……

许多年后，人们将因为他伟大的儿子，而重新来打量和认识这位真正做到了重振邓氏家族的川东乡贤。

— 6 —
慈竹掩映的幼年时光

　　星月迷乱，烟水浮动；清风徐徐，蛙鼓声声……

　　蜻蜓像是约好了似的，每个黄昏都飞过清水塘边，聚集到洁净的小院子里来。萤火虫沿着窄窄的田埂款款地低飞着，点亮了一盏盏明亮的小灯笼，或排成蓝色的长阵，或悄然画出道道金线，忽上忽下，时明时暗，若有若无。当你想追逐它，或者终于将它捧捉到手里，正准备仔细观看时，不料它又悄无声息地突然溜走了……

　　乡村的夏夜是孩子们捕捉萤火虫的夜晚。在那清凉如水的老井台上，在那星星洗澡的清水塘边，在那金色的小山似的草垛间和谷堆上，在那开满紫色的扁豆花、白色的葫芦花和浅蓝色的打碗碗花的篱笆墙边……

　　小小的、美丽的萤火虫，引发了乡村孩子们多少幻想、多少牵念。这幻想，这牵念，也如点点灯光，在黑暗中闪闪烁烁，经久不灭，使小乡村的夏夜充满无限的情趣和生机。

小先圣转眼已经4岁了！他长得真是惹人喜爱：圆嘟嘟的脸蛋，宽宽的额头，淡淡的眉毛，眼睛不大，却那么机灵有神。当然，最有特点的是他长着一个老邓家祖传的圆圆的鼻头儿，看上去那么朴实而又好玩。

他是外公、外婆、祖母，当然还有父母亲的掌上明珠，全家人天天都围着他，这个抱抱那个摸摸的，看在眼里，疼在心上。

因为妈妈要下地干活儿，有时候还要去蚕房院子里采桑喂蚕，所以他一两岁的时候，总是祖母把他抱在怀里，给他唱古老的广安民间童谣。其中有一支童谣，小先圣不知道听了多少遍：

> 月儿弯弯照楼台，
> 打个呵欠瞌睡来。
> 瞌睡虫，我的乖乖，
> 哎哟哎哟。
> 瞌睡虫，我的乖乖……

常常是，一家人坐在夏天傍晚的院子里乘凉，祖母一边摇着大蒲扇，一边低低地哼着这首童谣，哼着哼着，小先圣没有入睡，劳累的祖母自己却打起了瞌睡……

当然，这是他很小时候的事情了。他已经长到4岁，可以满院子奔跑了。他的姐姐先烈比他大两岁，是他最好的玩伴。

小先烈也十分疼爱自己的弟弟。她带着他，教会了他所有广安乡村幼童常常做的那些游戏，像掷石子儿啦，打水漂啦，斗蛐蛐儿啦，捕蜻蜓啦，逮知了啦，还有打碰碰钱、摘桑葚等等。

有一天傍晚，一家人吃完了饭，又坐在院子里，看小先圣晃动着圆圆的小脑袋，背起小手儿，大声地背诵母亲教给他的四川民歌《绵州巴歌》。

背完了，父亲满意地夸奖他说："这个小鬼脑壳，背得一字不差哩！那么，你还记得这首歌子的意思吗？"

于是，小先圣又像背书一样给大家说道："有一条大河，流到豆子山那里，就会发出扑通扑通打鼓一样的声音；流到了扬平山，就像从天上洒下白雨了嘛……"

"莫急，莫急，接下去是什么呢？"

"接下去就有了小龙女。小龙女是织布的好手——对了嘛，小龙女就像妈妈的手一样灵巧，织出的布有二丈五尺……"

"哈哈，要得嘛！要得嘛！自己还能联想到妈妈身上去。"爸爸赞赏地说。

妈妈在旁边听到小先圣的话，放下针线活儿，一把搂过儿子，疼爱地揪了揪他的小圆鼻头说："小鬼脑壳聪明，真是妈的好

慈竹掩映的幼年时光

娃儿呀！妈没白疼你……"

"妈，你摆的那个龙门阵里，也有一条小龙，我最爱听，你再给我摆一摆嘛！"小先圣忽然想到妈妈讲过的一个故事，央求妈妈道。

"要得，妈，你再摆一摆嘛！"姐姐先烈也挨着弟弟坐下了。

"好吧，妈再给你们摆一摆。不过，妈不记得上次讲到哪里啦。"

"我记得！我记得！"小先圣抢着说，"讲到了那个小娃儿在华蓥山的仙鹤洞里和仙鹤一起打败了蛇精，得到了宝珠子，就要去救渠江两边的大旱……"

"好，妈就从这里讲起……"于是，妈妈就又给两个小家伙讲起了那个在广安民间广为流传的童话故事：

……那个小娃娃得到宝珠，仙鹤将他送回了家。到了家里，小娃娃手捧宝珠叫道："老公公，老公公，我将宝珠取来了，怎么还没下雨嘛？"话音刚落，只听得"咔嚓"一声，电闪雷鸣，渠江两岸哗哗地下起了大雨，干枯的禾苗起死回生了。人们笑啊，跳啊，高兴得不得了。可是一天，两天，三天，哎呀，这雨就是不停，原来干涸的田地现在又成了汪洋一片，房子被淹了，人们只好往高处搬。小娃娃看见这情景，心里更着急了，哭着说："老公公，有什么办法能叫这雨停下来呀？"就在这时，那只仙鹤又飞来了，仙鹤说："要得雨住，你快把宝珠含在口中，不过，那时你会变成一条小青龙，游到东海里去，再也不会回来了。"

仙鹤说完就飞走了。望着遍地汪洋，小娃娃心如刀绞。看看雨还在哗哗地下，水在一寸一寸地往上涨，听着村子里的人一阵阵的哭喊声，他猛地跪在妈妈面前，流着泪诉说了仙鹤的话，他告诉妈妈："妈，我只有变成小青龙，才能退去这大水，不然，村里的人就只能被洪水淹死，老百姓遭的罪就更大了。"望着儿子，妈妈说："好娃儿，别只想妈了，只要能退走洪水，救得村里人，妈让你去。快，快呀！"小娃娃哭着站起来，拿出光灿灿的宝珠想吞下，又不忍心，妈妈大声喊道："娃儿啊，莫再迟疑了。"小娃娃一怔，一下将宝珠放进口中，一道闪电，一阵惊雷，小娃娃突然冲出家门，跳进了水中。雨住了，风停了，雷声闪电都停了，村子里的人看见，小娃娃在水中渐渐化为一条青色小龙。他游到哪里，水就随他退到哪里。望着儿子变成小青龙，妈妈心中好悲伤哟。她扶着家门朝小青龙喊着"儿啊！儿啊！"每喊一声，小青龙就停住回头一望，一共回头望了六六三十六次，直到听不见妈妈的喊声。大水退去了，渠江两岸从此风调雨顺，老百姓又安居乐业了，那小青龙回头望娘的地方便成了一个个险滩。后来人们为了纪念这位小娃娃，就把他下水的地方叫作"青龙嘴"，他望娘时留下的滩叫作"四九望娘滩"。

故事讲完了，小先圣的眼睛在夜色里忽闪忽闪着，心好像已跟着那条小青龙飞到了远方。

"妈,这么说,那个小娃娃变成了小青龙,再也见不到自己的妈妈了?"

"是呀,不过他是为了救老百姓才变成小青龙的,他是他妈妈的好娃儿呀!"

"妈,小青龙真好呀!"小先圣咬着指头说。

"怎么了,你也想变成小青龙呀?"姐姐故意做鬼脸逗他。

"不,我不要离开妈妈!我要问问老公公,有没有别的法子不离开妈妈,又能让大雨停住……"

"听听,这个小鬼脑壳还蛮多鬼点子哩!"爸爸在一边修理着那架织布机,一边满意地称赞着儿子。

这时候,一阵凉风吹来,屋后的那片慈竹林里发出了沙沙的声音,好像有什么东西在悄悄地爬动。

姐姐先烈故意吓唬小先圣说:"呀,鬼怪来了,快进屋里去躲起来啊!"

小先圣却一点儿也不害怕,独自跑到院墙边,朝着慈竹林大声喊道:"鬼呀,快来呀!我就在这里,来捉我呀,来呀……"

倒是天生胆小的姐姐先烈,吓得赶紧躲到妈妈身后去了。

小小的乡村院落里,充满了祥和欢乐的气氛。小先圣在慈竹掩映的小院子里,欢度着自己无忧无虑的幼年时光。

— 7 —
翰林院子里的小学童

1909年，小先圣已经5岁了。邓绍昌决定把儿子送到翰林院子私塾老先生那里去发蒙。

翰林院子离邓家小院有两里路。它原本是邓家先祖、清代翰林邓时敏当年告老还乡后居住的一座四合院，人们便把它叫作"翰林院子"。邓时敏去世后，族中商议，把这院子辟为学馆，用来招收村中幼童启蒙读书，期望着日后能为邓氏家族培养出几个出类拔萃的人物，也好光宗耀祖。于是，翰林院子就成了牌坊村有史以来的第一所私塾学校。

这一年正月十五刚过，邓绍昌就把儿子拉到身边，端详了好半天，然后亲切地问道："先圣，爸问你，想不想进学堂跟着先生念书呀？"

"念书？"小先圣眼睛一亮，"啷个不想哩？想！"

"不过你晓得不，去念书了，可不能顽皮了，念不好书，先生可是要打手板的哟！"妈妈在一旁也试探地问。

"妈你放心，先生不会打我的。"小先圣一脸得意地对妈妈说。

"噢？为啥子不会打你？"妈妈一时没回过神儿来。

"我不顽皮，先生为啥子要打我嘛！"小先圣理直气壮地说道。

"对，对，真聪明！不顽皮，先生就不会打手板了。"妈妈都被儿子逗笑了。

第二天清晨，鸡子刚叫了头遍，小先圣就醒了，迫不及待地穿上了妈妈昨天为他准备好的用青布做的新衣裳，戴上了新做的瓜皮小帽子。对了，还有一个用结实的蓝布做成的方方正正的小书包。

不过，这时候看看纸窗，天色才蒙蒙亮呢，外面的田埂、小路还黑魆魆的呢。小先圣只好躺下再睡，可是，却怎么也睡不着了。

睡在他隔壁屋子里的妈妈听到动静，也起来了，疼爱地对先圣的爸爸说道："看把娃儿折腾的！"

终于等到天亮了。匆匆忙忙吃过了早饭，小先圣就背好书包站在院子里，着急地等着爸爸送他去翰林院子了。

妈妈不放心地叮嘱说："先圣，进了学堂，你就是孔圣人的弟子啦，可得用心念书，听先生的话，为爸爸妈妈争气，做一个有出息的娃儿，晓得不？"

"妈，我都记住啦！你放心，我一定听先生的话，把书念好！"

父子两人沿着水田边的小路向一个小山坡走去。

翰林院子坐落在一个小山坡上。这是一座典型的川北四合院，坐西朝东。悬山式的屋顶上铺着小青瓦，四角还吊起了飞檐，白粉墙壁上镶着雕花的格子窗户，屋梁、廊柱上雕刻着不少流云似的花纹和鸟兽的图形，看上去精美、气派。四合院的大小房间有三十多间，朝门、戏楼、厅堂、厢房，一样都不缺。天井的地面用一块块大青石铺成，大约有三百多平方米。供小学童们听讲念书的私塾，就设在天井石坎正对的厅堂的第三间厢房里。

厢房正中的墙壁上有一座神龛，供奉着"大成至圣先师孔子之神位"。神位前的一张八仙桌上，摆着一个香炉，香炉里青烟袅袅，仿佛在表达着老先生和私塾里的学童们对孔圣人的一片敬仰之心。

邓绍昌领着先圣走进院子时，小学童们正在齐声背书：

"……蚕吐丝，蜂酿蜜。人不学，不如物。幼而学，壮而行。上致君，下泽民。扬名声，显父母。光于前，裕于后……"

老先生六十多岁的样子，身体瘦瘦的，穿着一件显得过于宽大的蓝布长衫，戴着一顶黑色的瓜皮帽子，干瘦的脸颊上没有一丝笑容。他的鼻梁上架着一副老花镜，其中有一条眼镜腿不知什么时候断了，竟用一根绳儿代替着。他一手捻着稀疏的胡须，一边不时地从眼镜片上方盯着背书的学童们，看看有没有偷懒调皮的。

突然，学童们背书的声音有点儿乱了，弱了下来，老先生循着娃娃们的目光朝门外看去，原来是邓绍昌带着先圣进来了。

邓绍昌拱着双手说道："先生，辛苦啦！今天我把犬子给您送来了，请您老为他发蒙成礼。"说着，就把手上提着的一包礼物和一封用红纸封起的礼封放到了八仙桌上。

"文明啊，礼重了！礼重了！"老先生一边谦让着，一边拉过小先圣，"娃儿几岁啦？"

"五岁。"邓绍昌一边替儿子回答，一边吩咐先圣说，"快，快给先生叩首，拜见先生。"

小先圣毕恭毕敬地向先生鞠了一躬："先生好！"

"嗯，好，好，叫什么名字啊？"

"邓先圣。"

"邓……先圣？"老先生一听，不禁有点儿诧异，还以为自己听错了呢，"是圣人的圣吗？"

"正是。先生的先，圣人的圣。"邓绍昌连忙补充说。

这一瞬间，他发现老先生的脸上露出一丝不悦。

"嗯……这个……这个……文明啊！"老先生坐在八仙桌边，习惯性地抄起了放在香炉边的水烟袋。

小先圣这时候一眼就看见了，八仙桌上还放着一把光溜溜、明晃晃的大戒尺。

"先生，您有什么话要说吧？"邓绍昌见老先生欲言又止，便恭敬地问道。

"是这样啊，文明，这个……这个娃儿的名字，叫得可有点儿这个……这个不妥啊！恕老夫直言，中国可称为圣者，只有这神龛上的一代儒学宗师孔子——孔老夫子啊！孔圣人乃大成至圣、一代宗师，其地位之高，无人能及。小小的娃儿叫个'先圣'，是不是有点儿太……太……啊？"

原来，老先生是为先圣这个名字不悦。邓绍昌明白了原委，便和颜悦色地说道："唉，都怪我，都怪我啊！当初为娃儿取这个名字，只因我这做父亲的望子成龙心切，没想到有冒犯儒学宗师之嫌。既然有如此不妥，不如就有劳先生给犬子改个更合适的名字吧，不知先生意下如何？"

听邓绍昌这么一说，老先生的脸上方有了一点点舒展。他一边吧嗒着水烟袋，一边捻着胡须，眼望着小先圣说道：

"想我孔圣人弟子三千，贤人七十二，堪称万世师表。这娃儿聪明伶俐，天资可嘉。而你们邓家先祖也曾高中进士，还被乾隆爷御笔钦点，选进翰林院做了编修。常言道，两榜进士难考，翰林院更是难入。能进翰林院，那是何等贤德人才啊！如今娃儿来到这翰林院子发蒙读书，应当追慕先祖的贤德品格，希望能后来居上，有朝一日也成为一个贤德之人！依我看，不如就叫'邓希贤'吧。文明,你觉得要不要得啊?"

"希——贤?嗯,要得,要得,就叫邓希贤了。快,谢谢先生给你取了这么好的名字。"邓绍昌又一次拉过儿子,向老先生致谢。

"不慌,不慌,须先拜过至圣先师孔圣人,然后才能见老师。"老先生到这时才露出喜悦之色。

于是,邓先圣——不,应该叫邓希贤了——按照老先生的吩咐,和父亲一起,在孔子的牌位前点上香烛,然后跪在神龛前,毕恭毕敬地朝着孔子的牌位磕了三个响头。拜完了孔圣人,邓希贤又按照父亲的吩咐,向端坐在孔子牌位边的老先生行了拜师礼……

行完了礼数,老先生这才心满意足地望着这个举止有点儿拘谨的小学童,开始了他对每一个新来学馆的孩子都要讲上一番的"老生常谈":"嗯,娃儿懂得礼貌,可见家教门风谨严。邓希贤哪!古人说过,'人之立身,不可无学,学则治,不学则乱'。从今天起,你就是读书识字之人了。读书为什么呢?古人也说过了——喏,这本《三字经》上就写得明明白白的:'……幼而学,壮而行。上致君,下泽民。扬名声,显父母。光于前,裕于后。'你先祖中不少人可都是功名显赫,你出身于书香门第,希望你也能像你的名字一样,追慕贤德的先祖,用功念书,不辱没你邓家先祖的声名。还有……这个嘛,你需要记住古诗里的教

翰林院子里的小学童

诲，'少壮不努力，老大徒伤悲'啊！念好了书，不仅可以为你邓家光宗耀祖，还能够学以致用，为国家效力，为百姓造福……你可听懂了，记住了吗？"

小邓希贤心想：你一口气说了这么多，我哪个听得懂、记得住嘛！可是，老先生，还有父亲，都在用期待的眼光看着他。他不知道怎么说才好，只好使劲地点点头，说："先生，我都记住了。"

"好，好，孺子可教也！"老先生满意地捋了捋胡子，发给了邓希贤一册描红本，又把他安排在私塾里最前排的座位上。

从现在起，这个五岁的孩子，成了协兴牌坊村翰林院子里的一个正式的小学童。而"邓希贤"这个名字，从此也代替了"邓先圣"，成了他的第二个名字。这个名字一直使用到1927年，他在武汉从事党的地下工作时，因为工作需要，又改名为邓小平。

在私塾里，先生和小同窗们都称他"邓希贤"；在家里和村庄里，长辈们却都亲切地叫他"贤娃儿"。

— 8 —
妈妈的微笑

翰林院子里的私塾教育，和当时全国各地的私塾没什么两样，施行的都是老式的蒙学教育，小学童们天天诵读的课文，也都是《百家姓》《三字经》《千字文》，还有《增广贤文》《朱子家训》一类。

老先生教给蒙童们的功课有三项：诵书、描红习字和造句。

老先生每次上新课，都是用他那拖得长长的声调，逐字逐句地教着学童们念诵几遍，然后再简单地讲解一下。

所谓讲解，一般都是断章取义和牵强附会的"训诫"之语。时间一长，这种方法往往会让孩子们觉得乏味，因而对学习产生厌倦。

有时先生讲着讲着，不仅自己呵欠连连，有的小学童也趴在课桌上呼呼大睡起来。每当这时候，课堂里就会传来孩子们的嬉笑声。先生发觉了，便提高声调，把手中的戒尺用力一拍，厉声叫道：

"休得胡闹！现在继续背书——就从这里背起：长幼序，友与朋。君则敬，臣则忠……"

于是，厢房里又响起了抑扬顿挫、高低不一的诵书声：

"长幼序，友与朋。君则敬，臣则忠……"

说起诵书，那可是贤娃儿的"拿手好戏"。

先生要求学生每一段书都要背得如"行云流水"一般，不掉句，不结巴。贤娃儿上课专心，坐在前排总是把眼睛睁得大大的，每次单独诵书，都会得到先生的夸奖。

这一天，先生又让学生们齐声诵读了这一段：

"子不学，非所宜。幼不学，老何为。玉不琢，不成器。人不学，不知义。为人子，方少时。亲师友，习礼仪。香九龄，能温席。孝于亲，所当执。融四岁，能让梨。弟于长，宜先知……"

诵读完毕，先生捋着胡子点名道："邓希贤，我听你诵读得倒还流畅清爽，那么这一段的意思你能讲讲吗？"

邓希贤笔直地站起来，大声说道："一个人小时候不好好念书，这是极不应该的。小时候不念书学习，到老的时候还能有啥子作为呢……"

"讲得很好。"先生满意地叫小邓希贤坐下，然后指着另一个平时最顽皮的小学童说:"你看人家邓希贤,上课何其专心致志。而你呢?东张西望,如坐针毡;交头接耳,屡教不改!人,不正是像块玉石一样吗,如果不经过好好打磨雕刻,怎么能变成精美的玉器?'人不学,不知义',讲的就是这个道理嘛!"

一直说得那个小学童低下了头,老先生才罢休,然后开始布置下面的作业:"下面开始影写新字。我看看今天谁会得到'柴筷子'。谁得的'柴筷子'多,我就罚谁留下来,多影写十遍!"

影写新字,就是先生把写大字的格子打好,然后发给学生,学生们用纸蒙在格子上照着写字。写完字交到先生那里,先生一一批改,在写得好的字旁画上一个大红圈儿,学生们称为"红鸡蛋";在写得歪歪斜斜甚至缺胳膊掉腿儿的字旁打上一个大红叉叉,学生们称为"柴筷子"。当然,谁都愿意得到"红鸡蛋",谁都不想得到"柴筷子"。

贤娃儿不仅诵书诵得好,影写生字也认真得不得了,很少得过"柴筷子",更没有挨过先生的责罚。

——许多年后,一位外国作家曾这样写道:"(邓希贤)在那位私塾教师的精心培养下,学会了用毛笔写第一个字……(他)的书法无疑从小就受过良好的训练,他的笔迹就是在高龄时也仍刚劲有力。"

散学回家,贤娃儿会高举着画满"红鸡蛋"的习字本给妈妈看：

"妈，今天我又没有得到'柴筷子'，都是'红鸡蛋'。先生还说我习字认真，表扬我啦！"

每当这时，妈妈即使手上正干着活儿，也会停下来，认真地看一遍儿子的习字本，然后满意地夸奖说："贤娃儿真是妈的好儿子，给妈争气啦！"

"妈，我以后还会给你争气哩。你不是说过，小甘罗12岁为丞相吗？今天先生也给我们讲了，'莹八岁，能咏诗。泌七岁，能赋棋……'"

"这是啥子意思嘛?"妈妈好奇地说,"贤娃儿,快讲给妈听听嘛!"

"就是说,齐国的祖莹,8岁的时候就能咏诗作词;唐代的李泌,7岁的时候就能按皇帝的要求,当场吟出下棋的歌子嘛!"

"噢,这些娃儿可真有出息哩!"妈妈为贤娃儿擦了擦脸上的灰土,似乎是明知故问地说道,"这些娃儿唧个会这样子有出息嘛?"

小邓希贤这时候俨然一位小先生了,他给妈妈讲解道:"听先生的话呗!勤奋念书呗!"

说到这儿,小邓希贤顿时明白妈妈的意思了,恍然大悟地说:"妈,我懂得你的意思了,你放心,我一定好好听先生的话,好好念书!"

说着,他就摘下书包,坐到檐廊下的小书桌前,又翻开了习字本,练字去了……

妈妈见儿子这么乖巧懂事,心里又是高兴又是心疼,忙叮嘱说:"贤娃儿,念书不是一天两天的事,写累了就到外面玩一会儿吧。只是,万万不要到河边去哦!"

"知道了,妈,你是不是怕我变成小青龙顺着河边漂走了?"

"又耍贫嘴!"妈妈慈爱地嗔了儿子一句。

在翰林院子读了一年多私塾,小邓希贤懂得了许多道理。

除了自己诵书、习字样样认真，深得老先生的称道外，他还从"黄香温席""孔融让梨"这样一些小故事里，懂得了孝敬父母和长辈的礼仪；从"孙敬悬梁刺股""车胤囊萤苦读""李密挂角读书"等故事里，懂得了什么是发奋、刻苦和勤勉。

爸爸妈妈从小邓希贤习字本的那一个个"红鸡蛋"里，看到了儿子的用功和进步。可以想象，在爸爸妈妈喜悦的目光里，一定正浮现着小邓希贤灿烂的前程。

妈妈常常拿"吃得苦中苦，方为人上人"的古训讲给儿子听。她梦想着儿子有一天真的能成为"人上人"，真的能为他们邓家光宗耀祖，那时候，她将从人们的赞许声中，获得一个母亲、一个勤劳普通的中国农村劳动女性的全部安慰、满足和骄傲。

而这一天离她还多么遥远啊！

看着儿子安静地坐在廊檐下习字、诵书的样子，做母亲的心里说不出有多么甜蜜和愉悦。

她在心里说："快点儿长大吧，好娃儿！只要你能平平安安地长大成人，妈就是再苦再累也心甘情愿啊！"

— 9 —
邓家老井

又一个春天到来了。

川东乡村的春天是非常美丽的。成片成片金黄金黄的油菜花，从小村庄的四周，一直伸展到远远的野外。布谷鸟和云雀欢叫着飞过晴朗的天空。静静的池沼和水塘倒映着天空、鸟影和游动的白云，还有许多高大、秀丽的枫树、樟树和黄桷树的影子。腐叶铺成的小路和田埂上，有野猪们走过后留下的串串蹄窝，每一个小小的蹄窝里都留下了一团美丽又安静的积水。抱窝的竹鸡和斑鸠，在远处的灌木林和慈竹林里咕咕地发出缠绵的呼唤声。鹧鸪也在山坡上低低地叫着，好像在和竹鸡、斑鸠们一唱一和似的。

到处弥漫着树叶、青草和野花的清香。蚕豆花儿开得好旺盛啊，看上去就像一只只黑亮的眼睛躲在蚕豆地里……

春天一来，小小的牌坊村就被各种各样的花树掩映着，桃花、杏花、梨花……仿佛都约好了似的竞相开放。

绿油油的禾苗也在一夜之间返青了。明晃晃的水田在春天晴和的天空下，闪着耀眼的光芒，像一面面镜子铺在春天的大地上……

今天是翰林院子里小学童们的休息日。不知先生根据什么规矩每隔一旬就给孩子们放一天假，让孩子们在家里帮父母做一些力所能及的家务劳动，同时也好多认识一些"稻粱菽，麦黍稷"，多懂得一点儿"蚕吐丝，蜂酿蜜"的道理。

这天一大早，小邓希贤就爬起来，帮着妈妈挎起菜篮子，来到邓家老井边洗菜了。

这口老井，还是明朝时邓家的先祖刚迁来广安时挖掘的呢，有好几百年的历史啦！老井是这么老，它的年龄也就是古老的牌坊村的年龄。

老井的井口是圆形的，阶梯式的井台用大青石砌得方方正正的，清亮的井水一年四季都是满满的。一些无根植物在井台四周默默地生长着，郁郁青青的，十分茂盛。历尽沧桑的、幽深的老井，睁着老人般的眼睛，望着高远的天空，领略着外面世界的风风雨雨和四季的冷暖更替。

有趣的是，这口老井的水面，总是会高出地面一点儿，而且井水涓涓不断地溢出井沿，终年不断。

乡亲们说，这是一口"取之不尽，用之不竭"的"宝井"，几乎全村人都靠这口老井供应吃水。老井的水，冬天里温润热乎，夏日里又那么清凉甘洌，水质也总是那么纯净可口。

老井台也是大人孩子最喜欢的一个地方。老人们喜欢坐在老井台上，吸着旱烟谈论清朝早年间的那些事情，特别是邓家先祖值得荣耀的人和事；女人们喜欢坐在老井台上洗洗涮涮，同时也交换着各自的快乐和忧伤；孩子们更喜欢提着一盏盏小小的瓜灯，在井台边的草丛里寻找一闪一闪的萤火虫，或者一边乘凉一边数着永远也数不清的星星。清明一过，谷雨前后，人们下田干活儿，都要经过老井台，这里也成了人们谈论春播秋收、交换耕作经验的好地方……

邓家老井，老得让村里的每一个人都肃然起敬，因为它几乎就是牌坊村一代代人的生命和全部历史沧桑的见证！

小邓希贤和妈妈来到井台边的时候，早有一些妇女在这里择菜聊天了。见小邓希贤和他妈妈来了，有人就打趣说："嗬，贤娃儿！成了妈妈的好帮手啦！咦，今天怎么没有去学堂啊？是不是先生不要你了？"

贤娃儿知道这是故意逗他的，就昂着头回答说："陈娘娘，才不是呢！今天先生给我们放了假，要我们在家里劳动一天。"

"哟，贤娃儿，听说你念书念得最用功，天天都得先生的

'大红鸡蛋',从没被先生打过手板子。给娘娘们背一首歌子听听好不好哇?"

"那么多的歌子,娘娘要听哪一首嘛?"

背书难不倒小邓希贤啦,瞧,他已经笔直地站在那里,双手背在身后,做出要背书的样子来了。

"就背那个什么'养蚕人'嘛!"妈妈在一旁笑着提醒儿子。

"好,我开始背啦——'昨日入城市,归来泪满巾。遍身罗绮者,不是养蚕人。'"

小邓希贤一字一句,一丝不苟地背诵,那样子活像一位小先生哩。

"贤娃儿,这说的是啥子意思嘛?给娘娘们讲讲明白好不好?"

"就是说呀,昨天我到集市上去了一趟,回来时心里好难受哟!因为我看见那些满身穿着绸子缎子衣裳的人,没有一个是亲手养蚕织布的。"

"说得真是呀,你看,你妈妈和娘娘们天天采桑养蚕,抽出了丝,织成了布,可是自己却舍不得穿一寸纱呢!"

"娘娘,你说得对极了。书上说了,这就叫不公平!我们要好好念书,长大了改变这种不公平,让养蚕织布的人也能穿上绸子缎子的衣裳!"小邓希贤一本正经地跟这些娘娘讲道。

"真是懂事的娃儿！好好念书，快快长大吧！娘娘们可就指望着贤娃儿啦！哎，贤娃儿，日后你念好了书，做了大官人，会不会忘了我们这些娘娘啊？"

"娘娘，你莫取笑我……我妈说了，再大的官人也都得为老百姓着想，就像妈摆的龙门阵里的那个县官一样嘛！"

"哎，他淡娘娘，你可真是会教养娃儿呀！难怪贤娃儿这样聪明伶俐！"女人们又把夸奖的话语转向了小邓希贤的妈妈邓淡氏……

不知不觉，一大篮子菜就择完了，也洗好了。

妈妈说："贤娃儿，你姐姐正在蚕房院子里铺桑叶，你去那里玩一会儿吧，记住，可不要爬树啊，树上有马蜂窝的。"

"要得嘛。噢，太好了，又有桑葚吃了嘛！"小邓希贤刚想走，又不放心地说，"妈，这些菜你自己拿得动吗？"

"乖儿子，妈还没老啊！"妈妈见儿子这么懂事，知道体贴妈妈了，心里说不出有多高兴。

－10－
蚕房院子

蚕房院子离邓家老井不远，沿着清水塘走上一个小山坡就到了。

现在正是采桑养蚕的季节。每到这个季节，牌坊村各家各户都会在家里搭起一格一格的蚕架子，上面摆满了蚕簸箕。妇女们会从早到晚围着蚕簸箕转，常常忙得连饭都顾不上吃。

邓家蚕房院子是邓氏先人传下来的，专门用来采桑养蚕、煮茧缫丝的场所。

蚕房共有大小八间，房前屋后种满了低矮的桑树。

冬天，人们把一棵棵桑树砍剪成光秃秃的像拳头一样的树杈，俗称"桑拳"。春天一到，清明前后，粗大的桑拳上就会抽出许多嫩枝条，枝条上长满嫩绿的桑叶，仿佛一夜之间，便会树茂叶阔，可以采来喂养蚕了。

当桑葚成熟的时候，孩子们喜欢爬上树去采摘那些乌紫多汁

蚕房院子

的桑葚吃，常常吃得满嘴乌紫乌紫的，像是擦了紫色的口红。

大人们采桑养蚕是为了结茧缫丝，小孩子也喜欢悄悄地喂养一些从桑树上捉回来的野蚕。野蚕养大了也会吐丝做茧，而且也结得蛮精致。茧做成了，顽皮的孩子会把它们剪开一个小口儿，套在五个手指上，再画成小鬼脑壳的样子，用来吓唬同伴。懂事的孩子会把结好的茧子收集起来，利用这些蚕丝做成小小的丝兜，用来装墨盒呢！

小邓希贤很喜欢养蚕。每到这个季节，放了学做完了功课，他就会背上背篼，跟着姐姐来到蚕房院子，到桑园里采桑叶，然后铺到蚕房里的蚕簸箕里去。他也喜欢聆听蚕房里那些蚕"唰唰唰"地吞吃桑叶的声音。

春天的蚕宝宝长得好快啊！每天都会变一个样子。原因就是它们吃得多，从早到晚，好像一刻也不停地在吃桑叶。当你到蚕房里仔细观察它们是怎样快速地"唰唰唰"吞吃桑叶的时候，你才会真正懂得"蚕食"这个词的意思。

这会儿，小邓希贤刚把采来的桑叶铺到簸箕里，眨眼间，那些白花花的、蠕动着身子的蚕就从桑叶底下翻滚了上来，"唰唰唰……唰唰唰……"眼看着一片片桑叶很快就只剩下光溜溜的梗儿了。

"好能吃哟！真是'神虫'啊！"小邓希贤看呆了，不由得赞叹说。

"弟弟，你咋个说这些小蚕是'神虫'嘛？"在一旁的姐姐先烈有点儿不解地问道。

"这是我听街上的娘娘摆龙门阵时讲的。"

小邓希贤给姐姐解释说，中国古时候有一位很会养蚕织布的老婆婆，名叫黄道婆。老婆婆看到很多穷人家没有饭吃，又没衣穿，就从老天爷那里求来一些"神虫"，送给这些穷人，然后又教他们栽桑树，采桑叶，喂养这些"神虫"。不用说，这些"神虫"就是蚕啦！蚕长大了，就会吐丝结茧。人们用这些丝茧来纺纱织绸，做成衣裳穿，或者把丝绸拿到集市去卖掉，换来粮食和别的东西……

"呀，原来是这样！"姐姐惊奇地说，"这位黄婆婆可真是一位好心人呀！"

"就是的嘛！"小邓希贤说，"先生教我们背的《三字经》上也讲到了蚕。蚕吐丝，蜂酿蜜。人不学，不如物。"

"噢，我也晓得这几句的意思，蚕会吐丝让人做衣，蜜蜂会酿蜜给人吃。一个人要是不好好学习，就是连这些小生灵都不如了。"

"对头，对头！"小邓希贤没想到姐姐也懂《三字经》，就好奇地问道，"姐姐，你又没有进学堂，你啷个晓得的嘛？"

"妈讲的呗！妈还讲过，蚕子吐尽了干丝，自己就憋死在茧子里，它们不是为了自己，全是为了让他人过上好日子。妈说，做人也要学学蚕的作为，不能光想着自己嘛……"

"做人也要学学蚕的作为，不能光想着自己……"小邓希贤一边向蚕簸箕里铺着桑叶，一边想着妈妈的话。

也许，在这一刻，以他的年龄来看，他还并不能完全懂得妈妈所讲的这些话的意义。但是，他晓得，他的妈妈是世界上最善良、最慈爱的妈妈，妈妈的话总是有道理的，因为妈妈平时总是想着别人的好处和难处。

妈妈的话，深深地印刻在邓希贤幼小的心田里，使他永难忘记，从这时候起，将伴随着他，影响着他，走过漫长的一生……

— 11 —
风雨小学堂

清朝宣统二年，也就是公元1910年，邓希贤已经6岁了。

这一年，协兴场上开办了第一所新式小学堂——北山小学堂。

根据清朝1904年颁布的《奏定学堂章程》规定，一般学堂都分为三段七级：第一段初等教育，包括蒙养院四年，初等小学堂五年，高等小学堂四年；第二段中等教育，仅中学堂一级五年；第三段高等教育，包括高等学堂或大学预科三年，分科大学三到四年，通儒院五年。这个章程颁发后，全国各地纷纷建起了初、高等小学堂和中学堂。

协兴场开办的北山初等小学堂，就设立在协兴场老街的一个庄园里。

协兴老街，离邓希贤家有将近两公里的路程。协兴，原来的名字叫望溪，设有"新市"和"旧市"，后来新旧合一，取了

"同心协力，发达兴旺"的吉祥之意，改名为"协兴场"。

协兴老街建于清代，宽敞的街道用青石板铺成，全长三百多米，街道两边都是梁柱两依、木板隔壁的小木楼，一栋栋小木楼都用小青瓦盖顶，居住着大约一百户人家。每当逢集之日，四周各村的百姓都会来这里做买卖、会朋友，十分热闹。

北山小学堂在老街中心，学堂门前就是老街，有几间校舍，校舍前面有一个小花园。学堂开办当初，吸引了很多小学生呢！

公元1911年，邓希贤在翰林院子的私塾老先生那里读了一年多的私塾后，父亲邓绍昌便把小邓希贤送到了北山小学堂。当时共有三个班，邓希贤在第二个班。

当时在小学堂里教学的先生有邓俊德、陈鲁山、蒋能彬等。邓希贤的爸爸邓绍昌也在这里教过课。这些教书的先生都是当时协兴一带能够识文断字的贤德之人。

学堂里开设的课程有国文、算术、修身和体操等。

由于当时的小学堂并没有统一的教材，所以北山小学堂的教学，虽然比私塾里丰富了许多，但仍然带有很大的随意性。特别是国文课，老师往往根据自己的兴趣，从"四书""五经"里选一些稍微浅显的文章，教小学生念诵和释义。

不过，教国文课的先生邓俊德，是个接受过新式教育的、不满意封建礼教、有着较为开明和激进思想的"新派"人物。他除了从"四书""五经"中选一些传统的课文教给小学生们外，有时还会抛开书本，给学生讲一些来自野史和笔记小说里的故事，其中常讲到的就有黄巢起义、洪秀全领导的太平天国运动、义和团的故事等。邓先生在讲解这些故事时，突出了"王侯将相，宁有种乎"以及反对侵略、爱国救国的主题。这些故事给童年的邓希贤留下了深深的记忆和久远的影响。

邓希贤渐渐懂得了自鸦片战争以来，在软弱无能的清政府统治下的中国，是怎样不断地遭受外国列强的侵略和欺侮，而清政府为了苟且偷生，卖国求荣，和帝国主义列强签订了一个个丧权辱国的不平等条约。

中华版图现在已经被帝国主义列强侵占得七零八落，分割得支离破碎了！这是中华民族的奇耻大辱，每一个爱国青年和幼童，都应该永远记住这些历史，用功学习，奋发图强，不忘国耻……

每当这时，小邓希贤就会觉得，先生讲的这些事情，就像一块块大石头，压在他的身上，好沉好沉哟！他觉得，自己好像已经长成了大人一样，一下子明白了好多道理，身上也好像突然间增加了许多力气。他的双手不知不觉地攥成了两个小拳头。

从邓家院子到北山小学堂，都是坑坑洼洼的乡村小道。天晴时还好走，可是一到下雨天，小路就变得泥泞溜滑，难走得不得了。走在路上，有时不是被泥巴粘得拔不出鞋子来，就是一下子摔个"屁股墩儿"，弄得全身都是泥巴，活像个泥猴儿。

川东多雨多雾，妈妈专门为他准备了一个大大的斗笠和一领合身的蓑衣。无论是春夏秋冬，还是风雨严寒，人们都常常看到，小邓希贤戴着斗笠、披着蓑衣，像个小小的渔翁一样，跋涉在通往北山小学堂的泥泞路上。邓希贤从来不怕这风雨的袭击。

有时，他怕雨水浸湿了课本，就把书包塞进长褂里，因为他身材不高，所以看上去浑身圆滚滚的。姐姐每次看到他这个样子，就取笑他说："天哪，小渔翁又捞了一天的鱼回来啦！"

小邓希贤拍一拍藏在衣褂里的鼓鼓囊囊的书包，露着一排小牙齿嘿嘿笑道："对头，鱼都在这里藏着哩！"

祖母心疼孙子，担心他年纪幼小，下雨天在路上会有个什么闪失，逢到刮风下雨的日子就劝邓希贤不要去学堂了，在家温习功课，天晴了再补上。这时候，小邓希贤就大声背诵在国文课上学到的文章给祖母听："……积土成山，风雨兴焉；积水成渊，蛟龙生焉；积善成德，而神明自得，圣心备焉。故不积跬步，无以至千里；不积小流，无以成江海。骐骥一跃，不能十步；驽马十驾，功在不舍……"

祖母不懂孙子在说些什么，就转向邓希贤的妈妈："你听听这个小鬼脑壳，满口文词的……"

风雨小学堂

妈妈情知劝他不了，就只好嗔怪着说："由他去吧。贤娃儿路上当心就是了，莫要让婆婆、妈妈担心哟！"

"妈，婆婆，你们放心，我又不是泥巴捏的小人儿。我们学堂里的体操课，先生还故意让我们在风雨里跑步呢！这样才可以把身子练结实嘛！"

"唉，跟你爸一样，硬是一个倔脾气！"

做妈妈的心细，一逢到不好的天气，就会用小布袋装上一小盒米饭，再拿出两个铜板交给儿子说："贤娃儿，听妈的话，雨天路滑，中午放学就不要赶着回家吃饭了，就在老街上的饭铺里搭个伙，买点卤肉，吃饱了再好好念书……"

邓希贤拗不过妈妈，只好带上了饭盒和铜板。可是到了下午，邓希贤放学回家，又将两个铜板原封不动地交给了妈妈。

妈妈心疼地说："贤娃儿，你正是长身子骨的时候，可不能饿了自己啊！"

"妈你放心，我光吃米饭就吃得饱饱的了。两个铜板，你和婆婆得熬好几个晚上织布才能挣来呢！"邓希贤十分懂事地对妈妈说。

这一瞬间，妈妈觉得，自己的儿子正在这风里来雨里去的小路上一天天地长大。

她在心里为自己能有这么懂事和孝顺的儿子而感到无比的幸

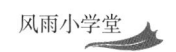

福和自豪。

是啊,当一个母亲,看着自己懂事的孩子,一天天地或迎着风雨、或披着霞光,高高兴兴地走向学校的时候,还有什么比这更让她感到欣慰呢?

儿子那小小的、坚定的身影,深深地印在妈妈的心里,即使到她就要离开这个世界的时候,也不会忘记。

—12—
"鬼屋"和"神龟"

也许是小时候听多了祖母和外祖母讲的、流传在川东乡间的那些鬼怪故事的原因，邓希贤的姐姐先烈自幼就特别胆小。

一到傍晚，尤其是在伸手不见五指的夜晚，先烈就常常害怕得不敢单独出屋子。晚上洗脚睡觉时，爸爸为了锻炼先烈的胆量，又总是故意叫她去那个黑咕隆咚的储藏旧物品的小屋里拿鞋子、木盆什么的。每当这时候，先烈总是央求弟弟邓希贤和她一起去，有时还怕得紧紧扯着邓希贤的衣襟。

"好丢人哟！这么大的人了，还怕黑天！"邓希贤觉得姐姐太胆小了，有点儿替她着急。

先烈却说："我才不怕黑天呢！我是怕鬼！"

"怕鬼？"邓希贤嘿嘿一笑说，"你要笑死我了，鬼是啥子样子的？啷个有鬼？你抓一个给我看看嘛！"

"鬼长着红头发绿眼睛，还伸着红舌头，"姐姐把舌头一伸，做了个鬼脸说,"喏,就这个样子。"

"妈呀!好吓人的鬼哟!"邓希贤故意装出害怕的样子,逗姐姐玩儿。逗完了,他便对姐姐说:"姐,你没有去学堂,没有念过那篇《订鬼》的文章。先生给我们讲过,这个世界上从来就没有鬼。人们常说的'鬼',都是因为你天天存有这个念头,才出现了'鬼'的影子。特别是人一有了病痛,就会害怕,好像觉得鬼正拿着木棍在捶你一样。你越是害怕,'鬼'越敢找你啊……你看,像我这样不怕'鬼','鬼'也就从来不找我,晓得不?"

"我才不信呢!"姐姐不服气,"婆婆讲的故事里就有好多好多的鬼!"

"姐,书上的文章里都说了,我背给你听听:'……人死血脉竭,竭而精气灭,灭而形体朽,朽而成灰土,何用为鬼?'说的就是这个道理嘛!"

"这么说,你是真的不怕鬼的?"姐姐好像还不相信。

"当然不怕啦!"

"那你敢不敢傍晚的时候一个人到'鬼屋'那里去?"

"啷个不敢?"邓希贤说,"不信等天黑了我就走给你看看。不过,你可不能告诉婆婆。"

"放心啦,我谁也不告诉!"姐姐说。

所谓"鬼屋",就是牌坊村头的一栋破败失修的老庙,也许是早年间来这里传教的洋人留下的教堂吧。因为破败不堪，好多年了，几乎很少有人进去。听说那里头常常"闹鬼"。有人甚至还说，曾看见过里面的红漆木梁上，挂着"吊死鬼儿"的结着活扣的绳子呢！

从北山小学堂放了晚学回村的小学生，往往走到那里也要绕道走开，要不就只敢怀着好奇心远远地朝那里张望。

但小邓希贤却不信那里有什么"鬼"。有一天放了学，他专门邀了几个小伙伴，大声地唱着歌儿走进了老庙的院子里。

原来，那里面除了一段连着"闹鬼"的屋子的破砖墙，一块长满了高深的蒿草的空地外，便什么可怕的东西也没有。那些蒿草，因为无人践踏，长得比断墙还高。往里面扔几块砖头，便会从那密密的草窠里"哇哇"地惊飞起几只吓人的黑色大鸟，像老鸹，也像八哥……

为了消除姐姐的疑惑和恐惧心理，这天，天一黑，小邓希贤就悄悄地招呼了姐姐，要去"鬼屋"那里走上一走，好彻底消除姐姐对鬼怪的恐惧。可是姐姐却又怕弟弟真碰上"鬼"，顿时又犹豫了：

"要不得，要不得，还是不要去吧，万一……"

"不怕！万一碰上了'鬼'，你就看我啷个样捉住它，把它绑起来！"邓希贤胸有成竹地说道，然后不由分说，就拉姐姐去了

"鬼屋"。

结果当然什么事也没有啦！而且还有意外的收获呢：邓希贤用小瓜皮帽子从那些蒿草窠里捡回了十几个淡青色的野鹌鹑蛋。

"啥子鬼哟！啥子怪嘛！纯属子虚乌有嘛！"邓希贤学着学堂里先生的口吻对姐姐说。

原来，这不过是大人们编排的、吓唬小孩子不要在外疯野的故事——那一直压在姐姐先烈和一些胆小的孩子心上的可怕的东西，就这么让邓希贤给轻松地扫除了。

"好啦，我再也不怕鬼怪了！"姐姐长舒了一口气。

"这就对头了嘛！"邓希贤胜利般地望着姐姐说。

"鬼屋"这件事，让姐姐先烈对弟弟刮目相看，觉得自己的弟弟是全村胆子最大、最不信邪的学生娃儿了！

不过这还不算。接着又有一件事，更让姐姐先烈彻底服了自己这个弟弟。不过这得先扯得远一点儿了。

清朝嘉庆年间，朝廷为了表彰邓氏的那位先祖邓时敏——就是前面说到的那位邓翰林邓大人——和另一位广安籍的功臣郑人庆郑大人为朝廷建立的功德，便在这两位大人死后，命广安的地方官打造了两块高高的石碑，矗立在从广安到协兴的大路边的石坝上。

其中表彰邓大人的那块石碑有五米高，碑石上刻着"诰授通奉大夫大理寺正卿邓公神道"的字样，碑额上还雕刻着双龙含珠的图案。每块石碑都立在一只头朝南、尾向北，样子像老龟一样的动物身上。当地老百姓就称这两块碑为"神道碑"，把驮着石碑的那两只像乌龟一样的动物叫作"神龟"[它真正的名字叫"赑屃（bì xì）"]。

不用说，无论是牌坊村还是协兴场上的人，多少年来对邓翰林邓大人和郑人庆郑大人都是十分尊崇的，这种尊崇一年年延续着，渐渐地就带上了"神话色彩"。

老百姓都传说，邓翰林邓大人生前是朝廷的大理寺正卿，专门掌管诉讼的事，那其实是玉皇大帝派他从天上投胎到人间来惩恶扬善、主持公道、消除人间不平之事的。而那两只驮着石碑的大石龟，也不是凡间之物，而是"神龟"和"仙龟"。一到晚上，"神龟"就会驮着石碑到处转悠，巡看这一带有没有什么违背正义、损人利己的事情。所以，这两块石碑是靠近不得，更不可去随便攀爬的。

当然，这只是当地老百姓随意编排出来的，后来一传十、十传百，就变成了越传越邪乎的神话故事了。

可是许多人竟信以为真，有的人甚至每次走到"神道碑"跟前都要下跪磕头呢！还有的大人竟吓唬小孩子说："谁要是冲撞了神龟，谁就会轻则肚子疼，重则全家遭殃！"

小邓希贤为了这事一直觉得不快活。他想,自己的先祖邓大人活着的时候就是一个正直的好人,热心为老百姓做事,爱护村里的乡亲,怎么死了以后会叫一个石头乌龟来吓唬大人、吓唬小孩子呢?不,这一定不是邓大人的心愿。

邓希贤很想把这件事弄个明白。

有一天,他闷闷不乐地去问爸爸:"爸爸,你说说看嘛,那石坝上的两座碑和那两只驮碑的石乌龟,真是神仙下凡吗?学堂里的先生不是常说天底下没有什么鬼神吗?"

爸爸说:"看把你急得这个样子嘛!那你先说说我听听嘛,到底天底下有没有鬼神?"

"没有!啷个会有嘛?"邓希贤坚决地摇着小脑袋说。

"对头嘛!人们为邓大人、郑大人立碑,是为了表彰和纪念他们的功德,那些图案,那些乌龟,都是灵巧的工匠们用石头雕刻出来的,是供人们欣赏的纪念物,哪里会有啥子鬼神嘛!"

"这么说,小娃娃也可以到那里去耍啦?"

"谁说不可以啦?贤娃儿,你们不是在学科学吗?一个学生娃儿,怎么还要相信鬼神呢?要相信科学,相信自己嘛!"

"爸,我才不信鬼神哩!"小邓希贤如释重负般地跑了出去。

不一会儿,他就召集了一群小伙伴来,对他们说道:"今天,我带你们去'神道碑'那里耍一阵子,好不好?"

"啥子？你好大的胆子哟邓希贤！"一个小伙伴吃惊地睁圆了眼睛，"耍不得，耍不得！到那里去耍了会肚子疼的！"

"莫怕，看我的！"一边说着，他们就欢呼着、奔跑着，到了"神道碑"那边。

邓希贤说："石乌龟呀石乌龟，你天天都驮着重重的石碑，好累哟！今天让你驮一驮我！"

就在有的小伙伴吓得赶紧蒙上了眼睛的时候，小邓希贤一跃就跃到了石乌龟伸出的脑袋上，像骑马一样坐在上面，还用一根柳条儿抽打着龟身，笑着叫道："骑乌龟，像骑马，你说好耍不耍？快来哟，好耍得很！"

见邓希贤坐在那里好耍得很，小伙伴们一个个也不再害怕了，都纷纷爬到了乌龟背上，自由自在地玩耍了起来。

从此以后，神神秘秘的"神道碑"再也吓唬不了老百姓和小孩子们了。牌坊村的一代代小娃儿又多了一处玩耍的地方。

邓希贤的姐姐先烈听弟弟回家讲了他骑石乌龟耍的事后，先是吃惊得不得了，一连几天都怕弟弟有什么应验，会不会真的肚子疼。结果什么事也没有发生。相反，弟弟的身体一天比一天结实了。先烈这才彻底放了心，并且对弟弟说："贤娃儿，姐姐真是服了你啦！你们念过书的学生娃儿硬是有脑子、有主见呀！"

"姐，你要记住，不要相信什么鬼啊神的，要相信科学，相信自己!"小邓希贤十分认真地对姐姐说,"这也是爸爸说的!你一定要记住,一辈子都记住……"

——童年时的邓小平,当然并不是一个天生的卓尔不凡的"神童",更不是注定会成为一个伟人的孩子。正如后来他的女儿毛毛所说的那样,她的父亲从出生到童年时在广安的那段生活,和当时全国多地的许多乡村孩子一样,是普普通通的。

然而,笔者在与牌坊村和协兴乡的一些老人交谈时,的确也听到许多邓希贤小小年纪就胆识过人,不信鬼神,不信邪说的故事。

上面所讲的"鬼屋"和"神龟"的两个故事,就是在协兴乡流传最广、得到了许多老人证实的两件事。

这两件事说明,童年时代的邓小平,确实又有他不同于村中一般儿童的独特的地方。

－13－
五块银圆哪里去了

在北山小学堂的二班里,邓希贤的个子算是最小的。在课堂上,为了能更清楚地看见老师在黑板上写下的字,他不得不悄悄地离开板凳,站在课桌后踮着脚去看黑板。因为,高高的课桌会影响他的视线。

不过,你可不要小看这个小个子的学生娃儿。

在他那一级的小伙伴堆里,大家都很拥护和佩服他。这不仅仅是因为他学习上用功,字也写得好,而且胆子大、不信鬼邪。同学们拥护和佩服他,还有一个最重要的原因,那就是他有一副热心助人的"侠义"心肠。

下面的这个故事,发生在邓希贤八岁那年。一直到今天,仍然在协兴镇一带的小学师生中流传着,今后当然还会继续流传下去。

这一天下午放学后,邓希贤和几个要好的小伙伴一起,正嬉戏着往家里奔跑。

突然，他们看见，有一个小同学蹲在前面的路边抽泣。

这个小同学姓张，他身旁已经围聚了不少好奇的孩子。他们有的在关心地询问着什么，有的只是在那里看热闹。

邓希贤拨开围观的人群，钻到那个同学的跟前，着急地问道："哭个啥子嘛！像个女娃娃一样。有啥子事请讲出来嘛，我们也好帮帮忙……"

那个姓张的小同学见邓希贤这么关心地询问，就边擦眼泪，边抽抽搭搭地说："我……我幺妹儿[1]得了重病，正在发烧，快要活不成了……我家又没有钱找郎中抓药……"

"那就赶紧找人借嘛！你爸妈呢？"邓希贤一听，便急切地说道。

"借了，一个铜板也没有借到。爸爸在床边守着幺妹儿，我妈都急得晕过去了……呜……幺妹儿好可怜哟！呜……"那个小同学当然也毫无办法，只知道伤心地哭。

小伙伴们面面相觑，却都没有法子。在那个年代，请一个郎中上门治病抓药，没有三五块银圆是请不来的。可是一般的穷苦人家，哪里能一下子就拿出三五块银圆呢？因为三五块银圆在当时是可以买上十担大米，够一家人吃上小半年的。

---

[1] 幺妹儿，此处在四川话里指家中最小的妹妹。

情急之下，邓希贤转了转眼珠说："你莫哭了，哭也哭不出铜板来。你先回家，帮你爸妈照看幺妹儿，我回家看看，找我爸妈说说看，有没有啥子办法。"

第二天，邓希贤一大早就跑进了学校，一眼就看到了那个眼睛红红的姓张的同学。邓希贤把他拉到一边，从衣服底下的口袋里掏出五块银圆，交给他说："快点儿，去给幺妹儿请郎中！晚了，幺妹儿恐怕就没得救了！"

姓张的小同学吃惊地睁大眼睛，激动得不知道说什么好："邓希贤哥，这么多钱……"是啊，从小长到大，他还从没见过这么多钱呢！

"你不要管嘛！这是送给你家幺妹儿治病的钱，你放心，不要你家还的，你快点儿走嘛！"

邓希贤催着他。那个小同学也顾不了那么多了，含着泪往家里跑去……

这五块银圆，原来是邓希贤私自从父亲放在家里的那个小钱匣子里拿出来的！

他本来是准备告诉爸爸妈妈实情，但他想，万一爸爸妈妈不答应，那么事情可就不好办了。所以，救人要紧，他也就不管那么多啦！

两天之后，父亲发现钱少了。这样的事在邓家可是从来也没有发生过的。要知道，五块银圆可不是个小数目啊！

邓绍昌生气地把全家人包括雇工，都召集到一块儿，然后逐一盘问：到底是谁拿走了五块银圆？

见事情无法回避了，邓希贤转身跑到屋外，拿了一根竹片，双手递给父亲说："爸，你莫要冤枉了他们，钱是我拿走的，你要打就打我吧！"

"你……你好大的胆子！败家子儿！啥子时候学会偷偷地拿钱了？"

邓绍昌万万没有想到，自己一向懂事、用功的儿子，会干出这等事儿来。他以为儿子在外面不学好，便气不打一处来，不问青红皂白地抄起竹片，气呼呼地朝邓希贤的屁股抽打下去。

小邓希贤却倔强地咬着牙，一声不吭，一副大义凛然的样子。

邓绍昌看到儿子面无惧色，毫无求饶之意，更加气愤，又狠狠地抽打了几竹片！

小邓希贤仍然一声不吭，只有泪水在眼眶眶里打转转。

妈妈、婆婆、姐姐，还有雇工们，都吓得站在一旁，不敢上前为邓希贤求情。他们都知道邓绍昌的脾气——他是决不能容忍儿子不学好的。

"不争气的娃儿！这几年的书你都白念了！败家子儿！什么时候学会偷钱了？嗯？"邓绍昌怒气难消，又朝儿子吼道。

第二天清早,邓希贤一声不吭地爬起来,背上书包去了学堂。

望着儿子乖乖的、远去的身影,邓绍昌心里的气才算平复了些。

他的妻子邓淡氏把这一切看在眼里,又是心疼儿子,又有一点儿迷惑,便提醒丈夫说:"绍昌,我看贤娃儿不是那种容易学坏的娃儿。你打也打了,骂也骂了,娃儿就是有错,也肯定晓得悔改了。不过,贤娃儿可是从来不会乱花半分钱的啊!有时我给他一两个铜板,叫他中午买点儿什么吃,他都舍不得,每次都原封不动地还给我。过年过节他外公外婆和婆婆给他的压岁钱,都一分一厘地积攒在那里,这你也是知道的。眼下他一下子拿走了五块银圆,到底是做了啥子用呢?"

听妻子这么一说,邓绍昌也感到这事有些蹊跷,他说:"真是怪了!看贤娃儿那个敢作敢当、无所畏惧的样子,也实在不像是做了啥子要不得的亏心事。到底是为啥子嘛!"

他觉得,他有必要弄清楚事情的真相。

当时,邓绍昌还是北山小学堂的聘任老师,经常要去学堂给小学生上修身课。他很快就从小学堂的孩子们那里弄清楚了邓希贤从家里拿走的那五块银圆的去向。

"原来是这样子啊!"邓绍昌当即就感到后悔了,"真是错怪了贤娃儿了,让贤娃儿受委屈啦!"

回到家里,邓绍昌等邓希贤放学一回来,就赶忙把儿子叫到跟前，一把搂住儿子说："贤娃儿，对不起哦，爸爸错怪你了，把你打痛了吧？"说着就去察看儿子挨打的地方。

小邓希贤的眼睛里顿时有泪花在打转转，但他忍着，没让泪花滚下来。

他说："爸爸，你打得对头，是我做错了事嘛！"

"不，你没有做错！"爸爸抚摸着儿子说，"你能急人所难，救死扶伤，帮助小同学，这是一种心地善良的侠义之举，是做好事！这样子做，才是爸爸的好娃儿嘛！都怪爸爸不明真相，不问青红皂白就打了你，爸爸不对……"

邓绍昌看着眼泪汪汪的儿子，真是又心疼又愧疚。不过，他也责怪邓希贤说："既然是爸爸冤枉了你，你就该明讲嘛，啷个连爸爸打你怎么都一声不吭？"

"爸爸，不管为了什么，随便拿了家里的钱，事先又不跟爸爸妈妈和婆婆讲，都是要不得的，都该受罚挨打。"邓希贤说，"我要是吭声或顶嘴，就更要不得了嘛！"

"小鬼脑壳里的道理硬是多哟！"这时候，爸爸转而有点儿乐了，"那你这时候为啥子反倒眼泪汪汪的？"

邓希贤抹了抹默默淌出的泪花说："爸爸，你用竹片打我，我一点儿也不怕，可是一想到那个同学家的幺妹儿得了病都没有钱请郎中抓药，我就好伤心哟！"

"好娃儿！你能这样子为他人着想，爸爸真是高兴啊！对头，对头啊！这才像是邓家的后代嘛！"邓绍昌一边赞扬邓希贤，一边吩咐邓希贤的妈妈，"家里还有一点点钱，再带上一些鸡蛋，让贤娃儿引路，快去看看那个学生娃儿的幺妹儿吧。唉！就当贤娃儿多了个亲幺妹儿嘛！"

邓希贤的妈妈说："你放心，你就是不说，我和贤娃儿也要去的。我怕他们把那五块银圆当成负担，要想法子还回来的。我去看看他们家人，也好让他们卸掉负担，安心过日子。唉，这年头！家家都有一本难念的经哟！"

"妈，可不能让他们还那五块银圆呀！"邓希贤也许还没听明白妈的意思。

"傻娃儿！放心，妈还要再送去一点儿吃的用的呢！你爸不是说了嘛，就当你和姐姐又多出了个幺妹儿。你们老邓家的人哟，都是菩萨心肠！"

"妈，你不也是菩萨心肠吗？"邓希贤听妈妈这么一说，顿时放心了，一边帮妈妈收拾着鸡蛋，一边说，"村里的娘娘都在说，邓家淡娘娘是牌坊村里的'活菩萨'呢！"

爸爸在一旁满意地说："贤娃儿，你晓得吗，这就叫'不是一样人，不进一家门'啊！"

－14－
清明时节雨纷纷

每年清明节到来的时候,邓绍昌都会带上儿子邓希贤和女儿先烈,到村外山上的墓地里,去祭奠邓氏家族的先人。

邓希贤的弟弟先修(后来改名叫邓垦)和妹妹先珍出生后,祭祖时,邓绍昌会让大女儿先烈把小弟弟也抱去参加。

清明节祭祖在当地是很隆重的祭祀活动。在邓绍昌的内心深处,他当然是希望渐渐长大的邓希贤和先烈,莫要忘记他们邓家先祖的贤德品格,并且能把祖先的美好品德一代代地传承下去,把祖先的功德当成一种追慕和效法的目标。

又到清明节了。这一天,好像老天故意要为那些外出扫墓祭祖的人增加一些怀念和哀伤的气氛,一大早就下起了淅淅沥沥的小雨。

邓希贤的婆婆和妈妈早就把祭祖要用的纸钱、香烛什么的收拾了一篮子。临走时,妈妈又叮嘱邓希贤说:"贤娃儿,到了墓前千万要记得给你老邓家的先人磕几个头，求他们保佑你们平平安安的，学业有成啊！"

邓希贤说："妈你放心，头是要磕的，不过学业有没有成，那得靠我自己。我们先生说过，求神求菩萨求祖先保佑，那都是迷信，要不得，要不得！"

妈妈不爱听这些话，假装手一扬说："就你这小鬼脑壳子歪歪理多！妈这是为你、为你们老邓家好。"

邓希贤拉着姐姐一溜烟儿跑了："晓得喽！"

沿着湿湿的田埂，邓绍昌带着邓希贤、先烈向先祖的墓地走去。

这一天，南山北头、荒丘墓田上，到处都是焚纸挂幡、或鞠躬或跪拜的人们。田野上、山丘旁，不时地传来幽幽哭诉的声音和此起彼伏的鞭炮声。

"贤娃儿，我不是教你背过几首清明节的古诗吗，还记不记得？背两首我听听。"

爸爸触景生情，吩咐邓希贤说。

邓希贤稍稍想了想，就背出了一首：

　　　　七度逢寒食，
　　　　何曾扫墓田。

> 他乡长儿女,
> 故国隔山川。

"嗯,一个字都不差,还有呢?"爸爸对邓希贤的记性很是满意。

"还有就是那首《清明》了嘛!"

邓希贤背着双手,学着古人摇头晃脑的样子,故意拖着长长的声调背道:

> 清明时节雨纷纷,
> 路上行人欲断魂。
> 借问酒家何处有?
> 牧童遥指牌坊村。

"啥子?牌坊村?"姐姐先烈听到弟弟的背诵,好奇地问道,"这是哪个秀才写的诗文嘛,把牌坊村也写进去了。"

"哪个秀才?"邓希贤得意地望着姐姐说,"就是跟你讲了你也不会晓得嘛!"

看样子,爸爸很是欣赏小邓希贤的这番机灵,慈爱地说了声:"你妈讲得没有错,真是一个小机灵鬼脑壳哟!"

邓绍昌又放眼看向小雨中那一派青翠的山野和三三两两焚纸张幡的乡亲，不禁又感叹道："人生能得几清明？祭念死者，原本也是祈福于生者啊！"

在邓家墓地里，邓绍昌带着儿子、女儿，对着先祖的坟丘一一做了虔诚的祭拜。

在他那英年早亡的父亲的坟墓前，当年植下的一棵小黄杨树，已经有碗口粗了。

邓绍昌拉过儿子说："来，贤娃儿，给你爷爷磕几个头吧。他老人家若是地下有知，看着孙子、孙女都长这么大了，尤其是晓得你在学堂里念书用心，是个争气的娃儿，定会好高兴哟！唉！可惜，他老人家受尽了艰辛，却没能寿终……"

邓希贤、先烈听爸爸这么一说，都懂事地跪了下去，给他们这个从没见过面的爷爷敬了香、磕了头。

祭奠完了邓家的先祖，邓绍昌又恭恭敬敬地点上了一炷香，独自走到空旷的田边，遥对着漠漠的南天，躬身拜祭道："列位义士好汉灵魂在上，绍昌知道，洋人列强一天不除，救国救民的大梦一天未圆，你们就一天也不会瞑目，且受绍昌在此一拜吧！"

鞠完躬，邓绍昌又把一碗水酒泼洒在田边。

邓希贤不懂爸爸为什么会有这样一系列的举动，就走上前去问道:"爸,你这是在祭奠哪个嘛!"

邓绍昌搂着儿子幼小的肩膀说:"贤娃儿,你现在是学生娃儿了,也应该知道一些事情了。几年前,就有好多义士好汉,为了赶走洋人洋教,不使这里的老百姓受愚弄,曾经联络了一些穷苦百姓,一把火烧了广安城东的洋人教堂。当时,爸爸也跟着这些义士去举过火把。那场面真是大快人心,让穷苦人扬眉吐气啊!可是哪里晓得,卖国求荣的官府竟派兵捉人,帮助洋人镇压烧教堂的人。结果不少好汉被捉进了官府给处死了!幸好爸爸出外躲藏了一阵子,才免去这场祸事。你说,每年的清明节,爸爸哪能不想起这些死难者呢?"

小邓希贤长这么大,已经很多次听爸爸说过,要用功念书,做一个有文化有知识的文明人,好为中华民族扬眉吐气,不受洋鬼子的愚弄和欺侮之类的话。在学堂里,先生们也常常这样教导他们。可是,邓希贤今天却是第一次听到,原来爸爸当年也参加了火烧城东观音阁的暴动。

这一瞬间,爸爸的身影在小邓希贤的眼里变得更加高大了。

扫完了墓,原先细细密密的小雨也停了。太阳从云层里露出了笑脸。村外的田野上天朗气清,满目青翠,远处还传来一阵阵布谷鸟的呼唤……

"唉,这真是'春林花多媚,春鸟意多哀'啊!"

邓绍昌一边感叹着,一边对女儿先烈说,"妹娃儿,天放晴了,你带弟弟一起到协兴老街耍耍去,过节嘛!老街上今天会有荡秋千的。耍一阵子就回家吃中饭,莫让你妈惦记着。"

"爸,你要去哪里嘛?"邓希贤问。

"爸去城里办点儿事儿,跟你妈说,我天黑前就会回家。"邓绍昌叮嘱儿子说。

"爸,早些回!回晚了,婆婆、妈妈要担心的。"邓希贤和姐姐异口同声地说。

"晓得,晓得。你们放心嘛。"

爸爸朝着通往广安城的大路走去,先烈带着邓希贤到了协兴老街上。

今天的老街上好热闹哦!卖煮鸡蛋、煮鸭蛋的,有不少卖主都把煮好的蛋壳染上了红色;还有卖各种各样的风筝的,有蝴蝶风筝、老鹰风筝、燕子风筝,还有长长的竹蜈蚣风筝。

邓希贤记得,婆婆跟他说过,春天的风是从下往上吹的,最适合放风筝了。每年春天,清明前后,婆婆都会给姐姐先烈扎几个蝴蝶风筝和燕子风筝,给邓希贤扎一个很大的老鹰风筝。婆婆还说,清明节一过,风向就变了,变得不稳妥了,风筝就不容易放上天。所以,乡下的小孩子放风筝,一般就放到清明节为止，所以协兴场上的人们又把清明节这天放风筝叫"放断鹞（yào）"。就是说，这是本年最后一次放风筝。

邓希贤进了北山小学堂后，就不再央求婆婆给他扎风筝了，因为他觉得，以后放风筝那是弟弟妹妹们玩耍的把戏了，他是学生娃，要勤奋念书，不能再贪耍了。所以今年，他都没跟婆婆提扎风筝的事儿。

"弟弟，要不要姐姐给你买一只风筝？"

先烈见邓希贤专心致志地在欣赏着那些花花绿绿的风筝，以为他眼馋了，心痒了。

"不要，不要。我只是看看嘛！"邓希贤说，"看看又不花钱，白看，好划算嘛！"

在另一条巷口里，他们又看到了一些姑娘们在荡秋千。

她们有的两个人面对面地站在秋千板上，轮流用力去蹬，把秋千荡得好高哦！高高飞起的秋千，让个儿矮矮的邓希贤看得目瞪口呆。

自然，老街上还有许多卖各种各样小吃的。

"卖——鸡脑壳呀！"

"卖——鸡翅膀呀！"

这是从一些临街的小铺面里传出的吆喝声，一听就知道他们卖的是什么东西。

还有一家小门面的布幌子上写着"鬼饮食"三个字。

邓希贤觉得好笑，心想："啷个叫'鬼饮食'这个名字嘛？有啥子'鬼'嘛！"走近一看，原来是一串串烤熟的红豆椒盐糯米粽子，粽子里包着一些碎碎的腊肉颗子。

邓希贤忍不住问姐姐："啷个叫'鬼饮食'这个名字嘛？莫非这是'鬼'才吃的东西？"

姐姐说："不是鬼吃的，都是人吃的。我看这种吃食不贵，来两串嘛！"

闻着从那腊肉颗子里散发出来的诱人香味，邓希贤也忍不住地说道："要得，要得，就来两串嘛！也尝尝这'鬼饮食'好不好吃。"

邓希贤一边吃着"鬼饮食"，一边好奇地问店主说："老板，'鬼饮食'是啥子名堂嘛，讲来听听嘛！"

老板见邓希贤一副认真的学生娃的样子，就笑着说："学生娃儿，你先说说，这糯米团团香不香。"

"香是香，就是太小了，不够我塞牙缝儿的，不过瘾！"

邓希贤不满足的样子。

"我看你这个学生娃儿学孔夫子不耻下问的样子，将来肯定能修得大学问。好，就不要你的钱了，再送你一串儿嘛！"

店主一边和气地递给邓希贤一串免费的"鬼饮食",一边解释说,"鬼,常常都是夜晚出现,我这些糯米团团,一般都是要卖到夜里好晚的,卖给那些做工到半夜、肚子饿了上街买吃食的客人的。鬼,就是指时间嘛!晓得了吧?"

"噢,晓得了。"邓希贤满意地说,"谢谢老板,白送我一串糯米团团。"

"不谢,不谢。你这个学生娃儿好有礼数呀,记得下次再来我这里买吃的,叫你的小同学也来呀!"

"要得!"邓希贤转身对姐姐说,"这个老板好会做生意哦,这就是爸爸常说的'和气生财'嘛!"

姐弟俩在老街上又逛了一会儿,差不多也到了吃中饭的时候了。正要离开老街回家时,邓希贤突然想起了什么,就问姐姐:"姐,你身上还有没有铜板?"

"啥子?你还想吃啥子?"

"不是,不是我想吃。婆婆和妈妈天天到蚕房院子里喂蚕,做活儿,很少上老街耍,更舍不得买点儿啥子东西吃嘛!我想给婆婆和妈妈带回去一点儿啥子吃的嘛!"

姐姐一听,好高兴:"贤娃儿,你好孝顺!婆婆、妈妈知道你这么孝顺,心里不晓得会有多高兴。都怪我,只顾自己吃去了,连这都没想到。"

姐弟俩用仅有的几个铜板，给婆婆、妈妈和弟弟妹妹买了老街上价钱便宜的芝麻锅盔和马蹄糕等几样刚刚出炉的小食品，一溜小跑地往村里跑去……

　　——在离开了家乡六十多年后，邓小平还记得童年时的这个清明节，记得并且一直怀念家乡的"鬼饮食"、芝麻锅盔、担担面等小吃。

－15－
保路风潮的洗礼

早在1905年邓希贤刚满一岁时，四川省的老百姓就开始省吃俭用，一年年地向政府交上忍饥挨饿节省下来的一个个铜板，目的是积攒资金，建一条能够让四川与外面更广阔的世界联系的通道——川汉铁路。因为千百年来，从四川到外省的主要通道只有长江这条水路。沿着长江航道走出四川的地盘，人们习惯上叫作"出川"。那时候，"出川"可真不是一件容易的事儿。

到了20世纪初叶，四川人已经明显地感到，仅仅依靠长江航道这条交通动脉，已经无法满足全四川的贸易往来了。为了发展和壮大四川的商业和经济，必须修建一条便捷的铁路，来沟通四川与外面的世界。

老百姓们都非常拥护和支持这项修建铁路的计划。于是，短短几年时间里，政府就从四川省内的老百姓筹集到了超千万两白银。

这可不是一个小数目！而且，这都是四川老百姓省吃俭用节约出来的血汗钱。这些钱占了修建川汉铁路所需资金的四分之一。按当时清政府对老百姓的承诺，由四川老百姓自己出钱而不是靠外债修起的这条铁路，将由四川人民自己管理和使用。

可是，到了1911年夏秋之交，有消息传来说，腐败无能和卖国求荣的清政府，为了讨好洋人，同时也为了从中牟利，偿还过去的外债，竟不惜对四川老百姓背信弃义，宣布将川汉铁路收归国有，同时将川汉铁路的修建和管理大权卖给了洋人。

不仅如此，清政府还厚颜无耻地吞掉了四川百姓们辛辛苦苦筹集起来的修路资金。

眼看着国家的主权、老百姓的利益都被腐败和卖国的清政府给践踏和糟蹋了，四川的老百姓愤怒不已，奋起抗争，渐渐演变成了一场遍及全省，进而蔓延至南方各省的保路爱国运动。

声势浩大的保路风潮从省城到县城，从县城到乡村，就像浩荡的秋风，席卷各个角落，把人们心中的愤怒之火吹得呼呼作响、熊熊不熄。

这些日子里，协兴场的每一条街上，都贴满了红红绿绿的宣传标语。识字的人们会自告奋勇地站在围观人群前头，大声念出上面的字句：

来日难，来日难，

要顾来日，莫顾眼前。

休把来日来当玩。

作难的日子是哪一件？

外国人占了财政路政权。

财政路政被他占，

国民都要受熬煎。

要不作难也不难，

大家都须有主见。

废合同就是生死关。

打起锣鼓敲起板，

同志会个个有志男。

就是女界也勇敢，

人人都把名字签。

喊起牌子劲莫软，

这股劲定要硬过山。

齐把合同来扳转，

那时节齐唱太平年！

这些标语上的字句写得很明白，就是号召四川的父老乡亲联

合起来，齐心协力，抗议清政府的卖国合同，拒绝再向清政府上交苛捐杂税！

标语上所说的"同志会"，也就是领导保路风潮的地方组织。这些日子里，邓希贤的爸爸不断地去县城里就是与他们往来。协兴场上的"袍哥会"，在协兴场上可是很有威信的，老街上的人们都在奔走相告："好了不起哦！协兴场的'袍哥会'这回真是为广安保路同志会撑起腰了！没有一个人缩边边[1]的！"

保路风潮也在北山小学堂里掀起了层层涟漪。

教国文课的邓俊德老师，这一位当年曾经参加过维新变革活动、具有民主思想的知识分子，在这些日子里，也像邓希贤的爸爸一样忙忙碌碌。好像他们已经做了分工一样，邓绍昌专门负责"袍哥会"那边的事情，邓俊德专门负责北山小学堂这边的事情。

果然，这天上午，一走进教室，邓老师就神色严肃地向同学们问道："你们有谁晓得，目前在我们的家乡四川，发生了啥子事情？"

邓老师的话刚说完，邓希贤就举起手站起来说："老师，我晓得，发生了保路运动。"

"对头！"邓老师让邓希贤坐下，然后一字一顿地说，"保路，

---

1 广安土语：胆小怕事。

保护川汉铁路，也就是保护国家的权利，保护老百姓的利益。国家、国家，没有国，哪有家呀！清政府腐败无能，出卖川汉铁路给洋人，这是卖国贼的行为，是不得人心的，所以，全省乃至全国的人民都起来反抗。'天下兴亡，匹夫有责。'你们现在虽然是小学生，但是你们也是国家未来的主人！你们说，我们现在应该啷个办？"

"坚决反对出卖川汉铁路！"

教室里立刻充满了激昂的气氛。

邓老师接着又讲下去："我还要告诉你们，这次保路运动的几位领头的人，名叫张澜、罗纶、蒲殿俊。蒲殿俊还是咱们广安人。张澜先生虽然不是广安人，家在南充，但他也在咱们广安县的紫金精舍书院当过教书先生。这场保路运动，凝聚着广安人的骄傲！所以，你们说，我们应不应该挺身而出，走上街头，去向协兴场上的父老乡亲们宣传保路运动的道理？"

"应该！应该！"

邓老师的话激荡着同学们的心，大家齐声响应着。

"好！你们都是爱国的学童，你们也都是国家未来的栋梁。现在你们的年龄虽然很小，但是我看到了，你们热爱国家、保护国家主权的志气一点儿也不少！我从你们身上，看到了我们家乡、我们国家、我们民族未来的希望！"

哗——邓老师的话被一片响亮的掌声淹没了。

邓希贤觉得，邓老师今天好能讲啊，怎么平时没有看到邓老师这样慷慨激昂的样子呢？也许只因为协兴场这地方一向太闭塞、太沉闷，大家太习惯了平静安逸的生活了吧！这下好了，暴

风雨来了,小小的协兴场也要在这场暴风雨中冲洗一番,变变样子了!

邓希贤这么想着的时候,双手不由得更用力地拍了起来……

等掌声停止,邓老师就给学生们布置任务了:"今天下午,我们先去协兴场的每一条大街小巷张贴标语。纸和笔老师都已经买回来了。邓希贤,你的毛笔字写得最好,就由你来书写红纸的标语,好不好?"

"要得!要得!"同学们异口同声地赞成说,"邓希贤,你这是英雄终于有了用武之地了!"

"绿纸的标语由我负责书写。"邓老师继续布置任务,"胡正明,你和邓家驹负责裁纸,要小心不要划破了手指;周二娃、胡继德,你们带领一组、二组的同学负责张贴,一定要贴遍老街上的边边角角……我相信,你们这些小小的学生娃儿,都能在这场保路风潮中得到锻炼……"

领到任务后,同学们都按捺不住了,一个个摩拳擦掌、跃跃欲试。

邓老师看在眼里,喜在心上。他说:"莫慌,莫急,我们现在还有一项任务,就是学唱那首《来日大难歌》,我们先学会,然后再到乡场上去教老百姓们唱,你们说,要不要得?"

"要得!"于是,一阵阵整齐、响亮的合唱声,从小小的学堂里飞出,飞过了小小的山坡,传送到了古老的乡场上——

> 来日难,来日难,
> 要顾来日,莫顾眼前。
> 休把来日来当玩。
> ……

在这场由四川发动而波及全国各地、震惊中外的保路运动中,童年时代的邓小平和北山小学堂的小同学一起,就像一只只展翅试飞的雏鹰,第一次经受了斗争风雨的洗礼。

在迈向遥远的明天的征途上,在通往一位坚定的革命家、政治家和卓越的人民领袖的漫长道路上,这或许可以算是他留在家乡土地上最早的一串小脚印吧。

时光还在不停地向前推移。

邓希贤正在一天天地成长着……

—16—
春洪涌进了渠江

20世纪初,正是中国近代历史上风起云涌的年代。面对着英、法、德、意、日、俄、美、奥等帝国主义列强的疯狂侵略和肆无忌惮的割地、赔款,以及开放所谓通商口岸的无理要求,面对清政府的为虎作伥和腐败无能,一大批具有民主思想的爱国志士,纷纷起来,不仅大造舆论,而且身体力行,挥起了推翻清政府,反对帝国主义侵略和压迫,建立独立、民主、繁荣和昌盛的资产阶级共和国的革命大旗。

革命的战鼓擂响之后,全国各地的仁人志士纷纷响应,一场场革命暴动,此起彼伏。

就在民主革命的烈火熊熊燃烧、推翻清政府的义举一呼百应的形势下,以孙中山先生为首的"同盟会",正在酝酿着一场最伟大、最激烈和足以影响中国未来命运的革命。

1911年4月27日,在广州,同盟会的另一位领导人黄兴,率领一百多名敢死队员，臂缠白布，勇敢地扑向清政府的两广总督衙门，一把火烧了总督府！这就是著名的广州起义。

当时，孙中山正在海外为国内的革命奔走筹款。他对前仆后继的革命充满了胜利的期待和信念。

果然，几个月后，1911年10月10日，在武汉，革命党人起义的枪炮声像惊天的巨雷，震撼了整个清政府统治的基础，炽亮的火光划破了沉沉的黑夜，给中国人民带来了希望的曙光。

清王朝专制统治的大厦终于土崩瓦解了……

武昌起义的消息一下子传遍了全国，革命的烈火顿时燃遍了整个中华大地。

这年12月25日，孙中山从国外回到上海。由于他在这场革命中表现出的一呼百应、锲而不舍的崇高声望，12月29日，已经宣布独立的17个省的代表在南京举行投票选举，一致选举孙中山为临时大总统，由他负责筹建临时政府。

这一年是中国农历的辛亥年，因此，武昌起义和以这场起义为高潮的推翻清王朝、埋葬中国两千多年来封建专制统治的大革命，被后来人称为"辛亥革命"。

1912年元旦，孙中山在南京宣誓就职，中华民国宣告正式成立。孙中山以中华民国临时大总统的名义，公布了《中华民国临时约法》。

同年2月12日，清朝最后一个皇帝——宣统帝爱新觉罗·溥仪被迫退位。这意味着，中国的资产阶级民主革命取得了决定性的胜利！

在这场革命中，地处川东的广安，虽然地域偏僻、消息闭塞，但革命的浪潮也沿着流经广安的那条滚滚大河——渠江，浸润和冲击着广安百姓的心灵，激荡着渠江两岸的许多仁人志士的革命斗志。

1911年在广州黄花岗起义的队伍里，有一位名叫秦炳的广安人。那天，他和其他革命党人一起，从后门进入总督府，与清军展开了鏖战，最后被敌军子弹打中左眼，当场牺牲，年仅29岁。他的遗体被安葬在广州黄花岗，他正是"黄花岗七十二烈士"之一。

1911年9月25日，同盟会会员吴玉章等人在四川荣县策动了武装起义，宣布了独立；11月，同盟会又在重庆地区的长寿、涪陵宣布了起义；11月21日，广安的同盟会武装攻占了广安，成立了"大汉蜀北军政府"；第二天，同盟会的重庆蜀军政府也宣告成立……

这时候的邓绍昌，也正是二十五六岁的年纪。

这几年里，他的妻子只晓得他时常进城去忙这忙那的，有时也有城里的人半夜三更到协兴乡下来找他商议一些什么事情，但到底在商议一些什么，谁也不知道。

"他爸，你到底在做些啥子事情，你不愿意讲，也许自有不讲的道理。可是这兵荒马乱的年月里，先烈、贤娃儿还都是小娃儿，没有成人，我真为你担心哪！"

有时，等贤娃儿、婆婆都睡下了，做妻子的忍不住会小声地对丈夫说出自己的忧虑。

"你莫担心，我自个儿会有主张的，"邓绍昌为了让妻子安心，只好对她说明了，"协兴场上成立了一个'袍哥会'，大伙儿让我主点儿事儿，掌掌旗杆儿，也没有啥子，无非是为穷苦百姓做做主，管理日常事务……你放心，我这是替天行道，主持公理，没有啥子见不得人的。"

"这我晓得。"妻子又说，"前两天贤娃儿从街上捡回来的帖子，我叫他念给我听听，他念了，上面说的是'来日难，来日难，要顾来日，莫顾眼前。'我也晓得这个理儿。可我就是不放心你……"

"你放心，不会有啥子事的。'袍哥会'又不去杀人放火，打家劫舍。睡吧，难为你里里外外、起早贪黑的，又要抚养小的，又要担心老的……"

邓绍昌的内心里对妻子淡氏充满了感激，但是他却不忍心把全部实情都告诉妻子，他不忍心让妻子过多地为他担惊受怕。

实际上，他先是在协兴场上的"袍哥会"（又叫"哥老会"）里担当着"三爷"之职，处理组织里的日常事务，眼下又升为"掌旗大爷"，也就是"袍哥会"里的一把手。

"袍哥会"本来就是四川民间一种自发的帮会组织，凡是加入"袍哥会"的人，都要喝血酒盟誓，遵守诸如友爱、互助、有难同当、有福同享等"会规"。

"袍哥会"还有自己的暗语、"黑话"，这是为了便于他们不论走到哪里，都可以互相结识，有事互相照应。"袍哥会"平时为老百姓管管事儿，主持一些公理，解决一些乡场上的纠纷。

不过眼下，邓绍昌领导的"袍哥会"却正在帮助和支持县城里的"保路会"，这也正是他这些天来不停地往城里去的原因了。

渠江，古时候称为"篆水"。历史上的"广安十六景"里有一景叫"篆水呈祥"，说的就是渠江。

滚滚渠江，发源于四川大巴山深处，沿着华蓥山麓，从达州的巴河经过渠县，再流经广安，然后在合川注入嘉陵江，又在重庆汇入了浩浩荡荡的长江。

渠江是广安百姓们的母亲河。千百年来，这条秀丽的大河用它源源不断的乳汁，哺育着两岸的黎民百姓，滋润着两岸的土地和草木，也见证着这片土地上的苦难和沧桑。

现在，中国大地上那不可阻挡的革命浪潮，就像迅猛的春洪涌进了渠江。身为渠江之子的邓绍昌，还有邓家世代所居的乡场上的热血汉子，谁都不能置身事外了。

保路风潮，就是弯弯曲曲的渠江在1911年前后的革命浪潮中所掀起的春水微澜……

而这次保路风潮，也将在邓小平童年的记忆里打下深深的烙印……

－17－
在广安高等小学堂里

1915年，邓希贤11岁了。

这时候，清政府已经被彻底推翻，中华民国已经建立起来，多少年来拖在老百姓脑后的那条长长的辫子也剪掉了。

按说，老百姓从此该过一过太平日子了吧！

然而，历史的车轮并没有朝着人们所期望的方向运转。

清王朝被推翻了，但各地军阀涌现。他们各自盘踞一地，把地方的行政权力牢牢地掌控在自己手中，建立并统治着独立于民国中央政府以外的"独立王国"，并且为了争夺地盘和利益而连年混战，老百姓仍然处于无休止的艰辛和苦难之中。

邓希贤不明白，中国的老百姓为什么这么不幸，连一天平安的日子也过不上呢？清政府已经垮了台，可是为什么还有那么多的大小官吏，继续骑在老百姓头上作威作福呢？

保路风潮过去了，协兴场上又恢复了往日的沉闷与平静，一切还是照旧，好像没有任何改变。

这到底是怎么一回事呢？

带着这一连串的疑问，邓希贤从北山小学堂毕业了。

1915年下半年，他以优异的成绩考入了广安县立高等小学堂（简称"广安高小"）。

广安高小旧址位于广安旧城的考棚巷（今广安区政府大院内）。它的前身是清代培养科举人才的紫金精舍书院。清代末年科举制度废除之后，1904年，广安人蒲殿俊（就是前文说到的四川保路风潮中的领导者之一）等人力推新学，以紫金精舍书院为主体，又将广安的培文、渠江、甘棠书院并入，创办了广安县有史以来的第一所县立高等小学堂，并在全县范围内招收学生。

因此，这是一所官办学校。当时参加和领导过四川保路运动的著名人士张澜先生、罗纶先生，都在这所小学堂里教过书。

可以说，这是一所开明的、从事新式教育的高小学堂。

——七十多年后（1989年）的一天，邓小平的女儿毛毛来到这所小学堂的旧址前，看到这所有着"灰砖砌的墙，木头做的门窗栏杆，青瓦盖的顶"的小学校的样子，不由得感慨道：

"……这就是七十多年前父亲上过的学校。当年的这所学校，虽不会像今天这样破旧，但也不会太过漂亮。我想象得出，那些穿着棉袍，头戴瓜皮小帽的孩子们，夹着书本，如何在楼梯间咚咚有声地跑上跑下……"

11岁的邓希贤，就是这些孩子中间的一个。他被分在12班。邓希贤来到这所高小的时候，蒲殿俊、张澜、罗纶等都已先后离开了这里。当时的校长叫朱纪常，也是广安县的一位开明人士，学监叫周克先。

学堂里当时开设的课程有国文、算术、理科、史地、体育和修身等。那时没有统一的教科书，老师们也没有什么教学大纲，各门课程的教学内容都是任课老师自己编写、选材。

其中，国文课要算高小的"主课"了，除了读"四书""五经"之外，还有一些选自《古文观止》《昭明文选》上的文章，像《介之推不言禄》《伯夷列传》《吊古战场文》《原道》《师说》《祭十二郎文》等等。

在教学方法上，和北山初等小学堂也没有太大的异样，仍然以讲背、诵读为主。

那时的广安县全县只有这一所高小和一个初中，所以到这里来就读的学生年龄跨度很大，小的像邓希贤这样十来岁吧，大的却有十七八岁和二十来岁的呢。

在这里就读的学生，如果家不在县城里，就要吃、住都在学校里面，算是"住校生"，每逢周六可以回家一次。当时从广安到协兴牌坊村也没有像样的公路，所以邓希贤每次回家都得爬坡、走石板路。

邓希贤的又一段求学时光,就在这样一条曲曲折折的风雨小路上开始了。

在这所学堂的大礼堂两边的圆柱上,常年贴着一副用古朴稳妥的颜体书法写下的楹联,上联是"毋自画,毋自欺,循序致精,学古有获",下联为"不苟取,不苟就,翘节达志,作圣之基"。

邓希贤很喜欢这副楹联,不仅欣赏和钦羡那功底深厚的书法,更是把楹联里劝学、励志的含义牢记在心里,作为自己求学的座右铭。

像在北山小学堂一样,邓希贤在广安高小很快就以学习刻苦、爱动脑筋和成绩优良,在同学中有了威信,也赢得了各科老师的喜欢和厚爱。尤其是在理科方面,邓希贤表现出了更浓厚的兴趣。

教理科(相当于现在的"常识"课)的老师,名叫曾树森,他虽然是一位进过洋学堂的新式教师,但那时候人们对科学知识的认识和理解,还普遍处在朦朦胧胧、似是而非的阶段,曾老师教给学生们的理化和自然知识,也不过是根据一本从国外翻译过来的、其译文也未必准确可靠的科学小册子照本宣科,因此学生们听来往往是似懂非懂,有时恍如坠入云里雾中。有时曾老师还喜欢提出一些冷僻和奇怪的问题来让学生回答。不少小学生又想上这门课，又害怕上这门课。

邓希贤却很喜欢这门课。

有一次曾老师给全班同学又提出了一个奇怪的问题：白色的东西能够反光却不吸热，黑色的东西吸热却不反光，那么，为什么在炎热的夏天里，人们会用黑布伞而不是用白布伞来遮挡强烈的阳光呢？这是什么道理呢？

显然，这个问题问得有点儿怪，而且未必会有一个准确的答案。

同学们在下面议论纷纷好一阵子，也没有谁能回答这个问题。

曾老师挨个点名，被点到的同学个个面面相觑，瞠目结舌，说不出个所以然来。

最后，老师点到了年龄最小、个头儿也不高的邓希贤。只见他站起来，胸有成竹地回答道："这是因为，夏天太阳特别大，光线强烈，空气里的温度也相当高，人们撑起黑色布伞，因为黑布伞容易吸收热量，这样一来，黑布伞上的温度就会升高。伞布上的温度升高了，那么伞周围的温度就会相对低一些。有了这一高一低的温差，空气就会产生对流，形成风；有了风，人们在伞下就会感到凉快了嘛！如果用白布伞，就不会有这种效果了！"

邓希贤不慌不忙地回答完了这个问题。

他的回答让其他同学听得目瞪口呆，心服口服。

"妙！回答得妙极了！请坐下。"

曾老师没想到邓希贤会把这个问题回答得如此头头是道，他满意地借题发挥说，"古人云，'大凡学问，闻之知之皆不为得；得者，须默识心通。'何谓'默识心通'？就是默默地斟酌思考，开动脑筋，心领神会，融会贯通。像邓希贤这样多思考、勤思考，方能成就一番学业啊！"

曾老师的一番话，说得邓希贤的脸上涌起淡淡的羞涩之色。他心想：啥子哟！我的回答到底科学不科学，我自己都不敢肯定嘛！

这件事之后，曾老师的理科课经常变成他和邓希贤师生两人的对话课。

邓希贤个头不高，坐在班上最前面一排座位上。常常是曾老师讲着讲着，就会停下来对着目不转睛的邓希贤问道："邓希贤，你说说看嘛，我讲得可有道理？"或者是："邓希贤，你来试试，能不能给同学们讲明白这个道理嘛！"

逢到这种时候，邓希贤也毫不客气，只要能回答出来的，就三下五除二，三两句就把问题回答清楚了。曾老师则心满意足地忘不了夸奖一句："Good！此之谓'是故弟子不必不如师，师不必贤于弟子'也。邓希贤，邓希贤，名副其实也！"

这时候，满堂学生，就像听"天书"一样，既觉得好玩，又羡慕得要死。

－18－
制止"割肝救母"的悲剧

弯弯的渠江日夜不停地流淌着。

清亮的河水里倒映着广安城里那座高高的白塔，也回荡着高小学堂里的朗读声和风琴声。

校园弦歌，晚风拂柳。

宽厚而温暖的河滩上，深埋着邓希贤童年和少年时代的梦想——

那是雏鹰展翅、搏击长空的梦想……

那是沿着渠江进入长江，乘着大船走出四川，去航海、去远游的梦想……

广安老城里的那座白塔，是邓希贤和同学们常常去游览的地方。因为站在高高的白塔上，不仅可以望见弯弯曲曲、浩浩荡荡的渠江，以及点缀在河面上的点点帆影，还可以眺望远处那黛色的翠屏山、古色古香的奎星阁，甚至还可以把整个广安城尽收眼底……

邓希贤喜欢这样站在高高的白塔上向远处瞭望。

也许是因为他内心深处嫌自己的个头长得不高，所以每当他站在白塔上眺望远方、俯瞰大地的时候，他觉得，自己好像获得了一种异样的满足感，甚至会感到有一种力量、有一种自信，正在身上涌动和升起……

是的，他已经13岁了！他觉得自己已经不再是一个小孩子了。

这时候，他不仅觉得自己的身体正在迅速发育，长高、长大，而且头脑里也常常生出一些奇怪的想法和念头——或者说，他的内心已经开始充满了某些幻想和抱负，这些幻想和抱负驱使着他自觉地关注和热爱起自己的生命来了。

这一天中午，趁着午休的时间，他和平时很要好的一位同桌李再标一起，又来到了渠河边的白塔下。

"……逝者如斯夫，不舍昼夜！"

望着滔滔东流的渠江，邓希贤脱口念出了不久前学过的古文。

"哎，邓希贤，你有没有想过，等学成毕业后，去谋个啥子差事？"

"啷个没有想过嘛！"邓希贤望着远处说，"我听曾先生讲过，在欧洲有一个说法，叫作科学改变世界。科学，就是曾先生所说的'赛先生'，还有一位'德先生'，叫作民主。中国真是太落后、太闭关自守啦！你看看那边的田野里，老牛拉犁，已经慢吞吞地拉了几千年了，到了今天也丝毫没有改变。落后就会挨打嘛！中国人是宁愿迷信命运八字也不愿去了解一点儿科学的，这太要不得了！如果要我选择，我就选择科学，走科学救国的道路！哎，李再标，你啷个光听我讲？你也讲讲你将来想干点啥子嘛！"

李再标躺在一处草棻棻里，咬着一根草茎说："唉！我家里穷，我妈又有病，恐怕以后也供不起我念书了。所以我眼下最大的愿望，就是早点儿完成学业，回家奉养我妈。"

"这也要得嘛！当个大孝子，说不定以后那'二十四孝'故事里又多了一条，叫'再标奉母'……"邓希贤听李再标说到妈妈，也不由得想到自己的妈妈。他说："我也很想报答我妈。我爸一天到晚在外面忙碌，我妈在家里下地、采桑、养蚕、织布，真是好辛苦哦！'谁言寸草心，报得三春晖。'我有时觉得，我邓希贤是一辈子也报答不尽母亲的养育之恩了！"

就在这两个少年忘情地谈着各自的心曲的时候，一位老渔翁扛着渔具经过这里，正要向泊在河洲的小船走去。看到邓希贤和李再标躺在河边聊天，老渔翁便招呼道："两个念书娃儿，好自在哟!"

"老伯伯,您好辛苦噢!"邓希贤和李再标忙站起来说,"您要下河打鱼吗?"

"正是。你们是哪个学堂的念书娃儿?是不是逃学出来的?逃学可是要不得啊!父母、先生晓得了,可要打手板的!"老伯伯说。

"您搞岔了,老伯伯,"邓希贤忙解释说,"我们是高等小学堂的,现在是午休时间,我们来看看白塔,在河边耍耍。"

"噢,那我是冤枉你们啦!对不住啦……"

"哎,老伯伯,请教您老一下,这座白塔啷个没有尖顶?你可晓得这是啥子道理?"

邓希贤想到了这个一直萦绕在心的疑问。

"问这个呀,你们算找对人啦!"老渔翁一边整理着渔网,一边说,"我从小就在这白塔下长大。说起这白塔的顶子,那可得摆摆龙门阵喽!"

"那好,就请您老给我们摆一摆嘛!"

"要得,那就摆一摆。"老渔翁索性坐下来,从腰带上取出装旱烟的荷包,按了满满一烟锅,又用火镰点上了,然后讲起了这座白塔的来历。

相传这座白塔是在春秋时期由鲁班师傅修的。有一回,鲁班师徒来到广安,看到渠河上滩多流急,过往船只常常被打烂,便想在此修一座高塔,镇压河妖。和鲁班同来的徒弟中有一个人叫赵巧。这赵巧平时偷懒取巧,没多大本事。鲁班想,赵巧跟我这么多年,也该看看他的长进如何了,便对赵巧说:"赵巧啊,今夜我们师徒俩在这江两边各造一座塔吧,天黑开工,鸡鸣完工。"这赵巧一听,说:"好!"于是一到天黑,师徒俩就动手造塔。造了一会儿,这赵巧就不想干了,他说:"哎,这塔造起来多费力啊。"他鬼脑壳一转,嘿,干脆,我来造一座小塔吧。于是,他就在江边用石头造了一座小塔,造完便躺在一边睡起觉来。那边鲁班师傅还在造啊造啊，一砖一石造得非常细心。赵巧这小子睡了一觉醒来一看天，还没到鸡鸣时分，对岸师傅还在造。他想，干脆，我来学鸡叫吧，这样师傅就赶不上我了。他便喔喔地学起鸡叫来，周围的鸡听到叫声，也跟着叫起来。按规定，鸡叫塔成。可鲁班师傅的塔刚要封顶，听到这鸡一叫，就应停下来。鲁班一看天色，还早，知道准是赵巧这小子在那里捣鬼，气得顺手将正要安上去的塔顶向对岸的赵巧砸去。这塔顶飞过江来掉在了岸边。年长日久，流水冲刷，竟然成了一块圆圆的石头。人们就把它叫作弹子石。你们看，这赵巧的塔还在那边坡上，岸边的那块大石头，就是弹子石，所以，这座白塔就一直没有顶子了……

"原来是这样的呀！"邓希贤和李再标头一次晓得了这白塔的故事。

谢过了老渔翁，在回学堂的路上，好像一直在思索着什么的邓希贤，捅了捅李再标说："李再标，你信不信老伯伯摆的这个龙门阵？"

"啷个不信呢？摆得有鼻子有眼的。"

"龙门阵摆得不错，可是白塔没顶却肯定不是这么回事儿。编排这个龙门阵的人，无非是要后人学会做一个诚实的人，为人做事，不能掺假、走过场，否则就不得人心，不讨人喜欢！"

"对头，对头！哎呀，邓希贤，你这个脑壳呀，啥子事儿硬是要比别人多转几个弯儿嘛！"李再标心悦诚服地说道。

"啥子嘛！我不过是多听了几遍孔老夫子的那句话：学而不思则罔。"邓希贤说，"来，咱们跑步回去，不然要迟到了。"

两个好伙伴你追我赶，向学堂奔去……

可是没过多久，发生的一件事情使邓希贤险些失去这位同桌。幸亏邓希贤知道得早，及时制止了一场愚昧的悲剧发生。

事情是这样的：

星期一，邓希贤从家里回到学堂后，发现同桌李再标没有到校。平时邓希贤很关心李再标，尤其是知道李再标家里不宽裕、妈妈又有病时，邓希贤总会把自己省吃俭用省下来的零花钱赠送一点点给李再标，邓希贤说："苟富贵，勿相忘，这就叫'有福同享'嘛！"

李再标对邓希贤心存感激，却又无以回报。他只能充满感激地对邓希贤说："等我妈妈病好了，让她老人家做桂花糕给你吃。我妈妈做的桂花糕好吃得不得了！"

"要得，我们祝她老人家早日康复，也好早日吃到香喷喷的桂花糕。"

可是今天，李再标连学堂都不来了，莫不是家里出了啥子事情？

果然，下了第一节课后，住在学堂大门口为学堂看门，并且和李再标同村的那位李大爷，就找到平时里和李再标形影不离的邓希贤说："你晓不晓得，再标那娃儿家里出了大事儿了？"

邓希贤吃惊地问："啥子大事？是不是他妈妈的病情严重了？"

"对头，不过还不只这病。再标那娃儿不晓得从哪个巫婆、端公[1]那里得到一个方子，说是他妈妈那病，只有吃了人肝才会好。再标这娃儿是个孝子，听信了这个方子，为了救母，正准备割下自己的肝……"

"啥子？真是愚不可及！再标好糊涂嘛！"邓希贤一听，又急又气地说道，"亏他还是读书郎！竟相信端公、巫婆那骗人的鬼话！"

事不宜迟，邓希贤当即就请了假，让李大爷引路，一溜小跑地赶到了李再标家。

这时李再标已经准备好了一把锋利的菜刀，正坐在院子里叹气。毕竟他也只是一个十几岁的学生娃，正对自己所做的决定犹豫不决。

见邓希贤突然来到了他家，李再标颇感意外，顿时流出了眼

---

1 端公：男巫的别称。

泪，抽泣着说道："邓希贤，我……实在没有别的法子救我妈了，只要能救我妈，我豁出去了……"

"你……你这是愚孝！"

邓希贤气喘吁吁地，一下子不知从哪里说起。

"你糊不糊涂呀？人肝又不是药，啷个能治得好病嘛！亏你还学过理科、体育，咋个听信端公、巫婆的骗人鬼话！"

"不，不是骗人的，"李再标还想争辩，"人家说，以前就这样医好过病人。"

"好，好，就算不是骗人的，能够救活你妈妈，可是你想过没有，救活一个，死去一个，那又算什么呢？"

"只要救活了我妈，就是我死了，也是尽到了孝道。"

"问题就在这里嘛！李再标，你终于说出实话了！"邓希贤继续说道，"我看你这不是要救你妈妈，而是想要给自己立忠孝牌坊！你想当孝子，进入'二十四孝图'！你难道不想想，就算你把你妈妈救活了，她老人家却从此膝下无儿，无人服侍和孝敬，不晓得以后的生活会多么孤单，你忍心出现这样的结果吗？这样子你能算是尽了孝道吗？我看你是钻进了牛角尖尖出不来了……"

"我……我不能眼看着我妈病情越来越重……"

李再标有气无力地嗫嚅着。

"有病当然要想法子医治，但那也得找正经的医生郎中来看病，来开药方子。再说，我就不信，你妈妈晓得那是你的肝，她会拿来当药吃下去？你这不是在救你妈妈，你这是用刀子捅你妈妈的心！"邓希贤越说越有气，"我看你这个脑壳子是让啥子'二十四孝'给灌迷糊了，这么多年的书也白念了！"

就在邓希贤又气又急地开导着李再标的时候，李再标的妈妈颤颤巍巍地从里屋硬撑着走了出来。

儿子和这位同学娃的对话，她在里面全听到了。老人家没想到自己的儿子会想出这么个馊主意来，她吃力地说道："标娃子，你的话我全听见了，你这个同学娃说得对，你这样做，不是在孝敬我，你是在拿刀子剜你妈妈的心哪！唉，都怪我这连累人的命，害得你连端公、巫婆的话都信了……"

"大婶，您老不要再说了。"邓希贤忙上前搀扶着再标的妈妈坐下来，然后说，"您老莫急，再标这是一时糊涂，才听信这等下策，险些干出蠢事来。现在好了，您尽管放心，再标该明白这番道理了。好好养病，我回家去让我爸也帮着想想法子，请一个医术高明的郎中来帮您看看，开一个有效的药方子……"

由于邓希贤及时赶到和苦口婆心的劝阻，李再标想割肝救母的举动总算被制止了。一场愚昧的悲剧没有发生。

再标也在这件事上，更深地感受到了好同学邓希贤那真诚的友情和那急他人所难、为他人着想的善良心地。

当然，李再标也明白了邓希贤所说的科学与愚昧、封建伦理中的"二十四孝"与真正的人伦道德的是非道理……

邓希贤小小年纪就能帮助同学破除封建迷信，及时制止同桌李再标"割肝救母"的故事，一直传为佳话。即使是到了时隔九十多年后的今天，这个小故事仍然在广安县一代代的学生之间口口相传。

—19—
锄禾日当午

川东的夏天是火热的,但对放了暑假的邓希贤来说,再热的夏天他也有法子对付——因为,他可以在离他家不远的清水塘里尽情地游泳和潜水了。

清水塘原本是一条并不太宽、也不太深的小河汊,清清的溪流从浓溪河流出,弯弯曲曲地绕过牌坊村再汇入渠江。在离邓家院子不远的地方,这条河汊经过多年的冲刷,形成一个越来越大的深潭,人们叫它"清水塘"。

清水塘不仅是牌坊村妇女们浆洗衣物、淘米洗菜的地方,更是牌坊村一茬茬小娃儿戏耍的乐园。邓希贤很喜欢这个水塘,他有时上学前大清早就坐在水塘边温书,放学后也喜欢坐在塘边看那些晚归的小野鸭在水中梳理羽毛,甚至观察那些小小的水蜘蛛在水面上轻轻划动,划出一圈圈小小的波纹……

在协兴场上的北山小学堂念书的时候,邓希贤在一个暑假里，跟着大一点儿的同学在这个水塘里学会了游泳，仰泳、潜泳的技术都迅速长进，以至于潜水摸鱼成了童年邓希贤的又一个"强项"。

现在，他已经是广安高小即将毕业的学生，过了这个暑假，他就可能去广安县立中学堂念书了。因为，他已经参加了广安县立中学堂的入学考试，自己觉得考得还不错，就等着学堂发榜了。

从学校回到家里，邓希贤从早到晚也没闲着，总想多帮婆婆、妈妈做点儿事情。扫院子啦，挑水啦，修整篱墙啦，还有去蚕房院子打扫蚕簸箕什么的，他都抢着去做。

妈妈心疼儿子，不停地阻拦："贤娃儿，你让妈妈和姐姐做这些就是了，你们学生娃儿细皮嫩肉的，可不是做这些粗活儿的，别累坏了身子骨……"

邓希贤说："妈，你真的打算把我养成'四体不勤，五谷不分'的小夫子吗？我都这么大了，这些活儿都干得了，再说，也正好可以锻炼身体，使自己长得更强壮些嘛！"

妈妈说："妈是说不赢你这个学生娃儿了，你们这些读书人都是咋说咋有道理的。"

除了干这些家务活儿，邓希贤甚至还央求家里雇用的那位长工大伯带上他，去秧田里干活儿呢！

那位长工一听就着急地说:"大少爷,这可要不得呀!面朝黄土背朝天,这可不是你们念书人干的事儿。念书人天生是吃粮的,不是种粮的……"

"你说得不对头!大伯,'万般皆下品,唯有读书高',那已是老皇历了!如今要讲平等、民主、劳工神圣!世界是劳动者创造的,念书人也应该成为劳动者,而不是啥子享受者!"

拗不过邓希贤的那种执着劲儿,长工大伯只好带着他下了几次秧田,一个暑假里,割稻、薅草、掌犁,邓希贤样样都学会了。

"锄禾日当午,汗滴禾下土。谁知盘中餐,粒粒皆辛苦。"收工的路上,邓希贤迈着一双泥腿,兴致勃勃地把小时候背过的唐诗念给长工听,"大伯,你晓不晓得,如果你不带我下秧田,我也许并不会

像眼下这样，准确地理解古人写的诗词的含义，这就叫'耳闻之不如目见之，目见之不如足践之'。我跟你订个君子协定好不好？我把学堂的事情讲给你听，你教会我栽秧，要不要得？"

长工大伯说："我的好少爷，你们邓家先祖修下的可都是翰林举子，像你这样硬要去学着下田栽秧割稻，我活了一大把年纪，可是头一次见到啊！"

"大伯，这就对头喽！时代不一样了嘛！"邓希贤打趣地说，"像你那样的老章程、老观念，也应该改一改啦！你难道忘了，前两年你还留着长辫子呢，现在不也剪掉了嘛！"

"这……"长工大伯望着邓希贤乐呵呵的样子，似乎觉得，这世道好像是和以前有点儿不一样了。那么，到底是哪里不一样呢？他当然也说不出来啦！

这天黄昏的时候，邓希贤的爸爸从广安城里回来了。

他觉得，自己真是有好些日子没有见到爸爸了。只听妈妈不停地念叨，说爸爸现在在协兴场上可得人心啦，乡亲们有啥子事都愿意找他商量。

邓绍昌回到家里，好像遇到了什么喜事一样，满脸春色。

邓希贤见了，连忙问道："爸，你啷个这样欢喜？是不是'袍哥会'又升你做了啥子官职啦？"

"你这个小鬼！学会取笑爸爸啦？告诉你，不是我升了啥子官，是你升了学啦！"

"是我考取中学堂了吗？榜子贴出来啦？"邓希贤兴奋地问道。

"贴出来啦！大红色的榜子，我一眼就看见了'邓希贤'三个字写在榜子前头！贤娃儿，你爸爸早就晓得，你是一个争气的娃儿嘛！这是老邓家的喜事啊！看来我得给你祖父、曾祖父这些先人烧炷高香……"

"爸，你们'袍哥会'就兴这一套！这是迷信，要不得的！"

妈妈、婆婆听见这个消息，都高兴地怂恿着邓希贤爸爸："要烧，要烧的！求先人保佑我们贤娃儿步步高升，也去考个秀才、翰林什么的！"

邓希贤笑道："我看你们啊，真是'乃不知有汉，无论魏晋'呀！都什么年代了，还'秀才''翰林'的！"

……

这是1918年的夏天，14岁的邓希贤，结束了在广安高小将近四年的学习，又以优异的成绩考上了当时广安县唯一的一所中学——广安县立中学堂。

这时正值中国近代历史上伟大的五四运动的前夜。

由于地方军阀连年混战，四川乃至全国各地的老百姓，仍然处在水深火热、苦不堪言的状况之下。

就在邓希贤念广安高小期间，1915年，北洋军阀首领、大卖国贼袁世凯，不顾中国人民的强烈反对，接受了日本提出的旨在灭亡中国的"二十一条"草案，把中国主权和德国掠夺中国山东的"权利"，赤裸裸地出卖给了日本。耻辱的条约激起了正在觉醒的中国人民的极大愤慨，爱国的热血青年、知识分子和各界人士群情激昂，迅速掀起了一场全国性的讨袁运动的高潮。不久，在万众唾弃之中，袁世凯不光彩的生命也因病走到了尽头。

沉沉长夜里的中国大地，就像一座被压抑已久的活火山，即将喷发……

暑假里，身在牌坊村的邓希贤还不知道，那等待着他和他的少年同学的，将是一个怎样的明天。

— 20 —
翠屏山上的弦歌

1918年夏天，14岁的邓希贤在协兴牌坊村里过完暑假后，又返回了广安县城。这时候，他已经是广安县立中学堂的一名中学生了。

广安县立中学堂创建于1912年。这所中学的创办者，名叫王宣彝，是一位曾经留学日本，毕业于日本弘文师范学校的留学生。这位王先生是当时怀着教育救国的梦想东渡日本，去寻求救国救民、振兴民族精神道路的那些热血青年中的一个。在日本，他参加了孙中山领导的同盟会，接受过空想社会主义的思想。归国后，他回到故乡广安，想从教育入手造福家乡。

当时，广安还有一位有识之士，名叫曾正源。曾正源在清朝末年中过举人，1905年获准被保送到成都高等师范学堂读书，学成后曾当过四川省参议会参议员。然而，当时四川的官府里明争暗斗、昏庸腐败的局面，令曾正源大失所望。他不愿同流合污，于是弃官回乡，希望学以致用，靠办教育的途径，为老百姓做些实事。这样，曾正源和王宣彝两个人可谓不谋而合、殊途同归。两人便以"发展国民教育""倡办新学"的口号，在广安商界和民众中四处奔走，筹措经费，终于创办了广安历史上最早的一所正规的中学堂。

开始时，中学堂设在县城北郊紫金山玉皇观的紫金精舍书院里，王先生为首任校长，曾先生为教务长。第二年，广安州改为广安县，学堂也从玉皇观的紫金精舍书院迁到了广安县城西边翠屏山下的考棚巷内。

考棚巷的学舍虽然破旧而简陋，但它毕竟是全县的第一所中学堂。陋巷弦歌，两位热血的爱国青年的美好理想，总算得以实现。

他们"发展国民教育"和"倡办新学"的作为，也引起了当时担任川北宣慰使的张澜先生的赞赏和重视。

张澜先生，我们在前面说过，在四川著名的保路风潮中，他是领导者之一。张澜是四川南充人，曾在广安紫金精舍书院教过书，后来还担任过民盟中央主席，是一位著名的民主人士。新中国成立后，他还担任过中华人民共和国中央人民政府副主席等职，在天安门城楼上参加过开国大典——当然，这都是后话了。

当初他作为川北宣慰使到广安巡察时,看到了王先生和曾先生创办的广安中学堂校舍过于简陋,不免有些可惜。因为他很了解广安当时的教育状况,广安其时已有二三十万人口,这所简陋的中学堂显然无法满足全县众多学子的上学愿望。于是,张澜立即拨来库银两万两,将位于县城翠屏山的原州署衙门的后半部分房屋改建成新的校舍。1914年,广安县立中学堂从古老而狭窄的考棚巷迁到了翠屏山上。

邓希贤考入中学堂时,校园已经迁到翠屏山上了。

从此,阳光照耀的山坡校园里,又多了一个个子不高却天天孜孜不倦捧书晨读的少年身影。

1918年秋天,第一次世界大战即将结束;德国物理学家马克斯·普朗克已经提出了著名的"量子论"学说;俄国"十月革命"一声炮响,也把马克思列宁主义的革命理论传到了中国。

"十月革命"的胜利,给中国的革命者和进步的知识分子以极大的精神鼓舞。

不仅马克思主义的思想火种开始在中国大地上得到传播,同时,科学、民主的新思潮和以陈独秀创办的《新青年》为标志的新文化运动,也在中国大地上迅速蔓延……

陈独秀(1879—1942),字仲甫,安徽怀宁人。中国共产党诞生后,曾任党内第一任中央局书记。然而早在中国共产党诞生之前，他就已经是中国思想文化界赫赫有名的领袖人物了。1904年，他创办《安徽俗话报》，致力于唤醒专制压迫下的普通民众。后来，他参加了辛亥革命。在讨伐袁世凯的"三次革命"中，他被捕入狱，险些遇难。出狱后，他又东渡日本参与创办《甲寅》杂志。1915年9月，他在上海创办《青年杂志》，这标志着中国的新文化运动由此揭开了序幕。《青年杂志》从第二卷起改名为《新青年》，并随主编陈独秀迁往北京，成为新文化运动一个标志性的思想舆论阵地。

陈独秀在《青年杂志》发刊词里向青年们提出了六点希望：

一、自主的而非奴隶的。

二、进步的而非保守的。

三、进取的而非退隐的。

四、世界的而非锁国的。

五、实利的而非虚文的。

六、科学的而非想象的。

这六点希望实际上包含了民主、科学、开放、革新等新思潮和新文化运动的主要内容。他同时号召全中国的青年学生，彻底清除做官发财的思想，在精神上建立起真实的和全新的信仰。他在另一篇文章中主张当今的教育方针应该是：

第一，当了解人生之真相。

第二，当了解国家之意义。

第三，当了解个人与社会经济之关系。

第四，当了解未来责任之艰巨。

陈独秀期望通过这样的教育方针，培养出一代新的国民。他心目中的"新国民"的素质，不仅仅具有世人共知的"人性"，还应该具有"意志顽狠，善斗不屈，体魄强健，力抗自然，信赖本能，不依他为活，顺性率真，不饰伪自文"的"兽性"，二者缺一不可。

《新青年》的启蒙思想就像不可阻挡的飓风一样，迅速吹进了位于渠江之滨、翠屏山坡的广安中学堂校园里。

1918年秋天，广安中学堂的老师和学生们常常针对《新青年》里的一些文章进行讨论。每次讨论，邓希贤都是积极的参与者和发言人。

渐渐地，在广安中学堂里，师生们对"新青年"这个概念有了一个共识，那就是：新青年不仅要身体强健，更应该"内图个性之发展，外图贡献于其群"，要彻底地从脑子里铲除读书是为了来日升官发财的思想，要实实在在地掌握一门本领，用创造性的作为去报效祖国，贡献于社会和民众……

邓希贤从这些讨论和认识中获得了丰富的精神滋养。

有一天早晨，他正坐在一棵高大的黄槲树下，专心地阅读着一篇从高年级同学那里抄来的文章，那是陈独秀的《我之爱国主义》。

这时候，他高小时的同桌、现在也考入了广安中学堂的李再标，拿着一个饭盒跑过来说："邓希贤，我就知道你又躲在这里苦读！给，我妈托人捎来的桂花糕，叮嘱我一定要让你尝尝！"

"要不得，要不得，难为她老人家了！"邓希贤一边道谢，一边打开了饭盒，"哇，好香啊！'八面松阴笼古寺，三秋桂子下灵山'，再标，令慈大人的病完全康复了吗？"

"没有什么大碍了。请了一位学过西医的医生给她做了诊断，现在正在好转中。邓希贤，多亏了你，否则我就……"李再标难为情地说。

"不要再说这个了嘛！"邓希贤说，"再标，你来看这篇文章，'……今日之中国，外迫于强敌，内逼于独夫……而所以迫于独夫强敌者，乃民族之公德私德之堕落有以召之耳。……试观国中现象，若武人之乱政，若府库之空虚，若产业之凋零，若社会之腐败，若人格之堕落，若官吏之贪墨，若游民盗匪之充斥，若水旱疫病之流行：凡此种种，无一不为国亡种灭之根源……'你看嘛，陈独秀先生分析得好透彻啊！"

李再标忙接过这篇文章读了起来。

邓希贤一边吃着桂花糕，一边若有所思地说："勤、俭、廉、洁、诚、信,这几个大字,是陈独秀先生归纳出来的'救国之要道',真是精当!"

这天早晨,邓希贤深深地沉浸在陈独秀那慷慨激昂的文章之中。他感到,自己的周身热血沸腾,一颗少年的心,仿佛正在飞向遥远的远方和未来……

— 21 —
莫等闲，白了少年头

1919年，第一次世界大战刚刚结束，各战胜国在巴黎凡尔赛宫举行和会，议定战后和约。中国作为战胜国之一，也派代表参加了这次和会，并提出了九条提案，其中包括废除1915年由北洋军阀首领袁世凯与日本签订的丧权辱国的"二十一条"。

然而，西方列强根本没把贫穷的中国放在眼里，中国代表上交的提案不仅没有得到应有的尊重和接受，相反，和会竟然公然承认了日本在中国山东的占领权。

更可气的是，当时被北洋军阀首领段祺瑞控制的北京政府，竟然准备同意在和约上签字……

消息迅速传到了国内。中国人民多年以来郁积在胸的反帝爱国的情绪，被一种强烈的义愤之火点燃了。国内的有识之士、爱国人士和热血知识分子，纷纷举行集会演说，强烈反对北京政府在和约上签字，强烈反对卖国的"二十一条"。

这一年5月3日深夜,在国立北京大学古老的红楼内,北京各高等学校的学生代表都聚集到了一起。

明亮的灯火之下,一位名叫邵飘萍的记者大声呼吁:"……目前,民族命运到了千钧一发的关头!如果我们继续缄默等待,中华民族就无从拯救,而只有任其沦亡了!北大是全国的最高学府,我们此刻正应该挺身而出,把各校同学和爱国青年发动起来,救亡图存,奋起抗争,保卫中国的领土完整……"

邵飘萍的演讲使全场的学生们情绪激昂,一触即发。这时,只见一个学生跃上前台,"哧"的一声撕下一块衣襟,举起中指,一口咬破,然后蘸着鲜血在这块衣襟上写下了四个鲜红的大字:"还我青岛!"

第二天,爱国的青年学生一呼百应,纷纷走上街头,组成了浩浩荡荡的游行示威队伍……

震惊中外的五四运动,就这样爆发了!

北京学生的爱国行动,如同响亮的春雷,震动了全国。紧接着,上海、天津、济南、长沙、南京、武汉等城市的青年学生和知识分子也纷纷举行集会游行,声援北京的学生。

在东京、巴黎等地的中国留学生和爱国华侨也组织了声势浩大的游行示威活动,要求将山东交还给中国。

爱国青年们高声喊出了"外争主权,内除国贼""拒绝在巴黎和约上签字！""誓死力争，还我青岛！"等严正而响亮的口号。

与此同时，上海的工人开始罢工，以实际行动声援爱国学生，要求惩办卖国贼。罢工浪潮迅速波及全国，工人、学生、商人、市民纷纷加入斗争行列，反帝、反封建和爱国的巨焰燃遍了全国各地，形成了一场空前的、遍及整个中国大地的爱国运动。

广安虽然是一个地域偏僻的小县城，但由于水路通达，船来舟往，五四运动爆发不久，爱国的声浪也从重庆迅速涌到了广安。

不仅广安县城沸腾了，翠屏山上的广安县立中学堂，更是一扫往日一派校园弦歌的气象，老师和学生都无法再在教室里坐下去了。大家纷纷聚集在操场上，激愤的火焰在每一个人的胸中燃烧。

"同学们！爱国的同胞们！今天，我们怀着一种共同的义愤并肩站到了一起！广安虽小，但是，广安青年和广大民众的爱国之心，是和全国各地的爱国之心连在一起的……"

在平日里长期镌刻着一副"河岳英灵钟此辈，国家元气在斯文"的楹联的大礼堂门前，一位青年教师登上台阶，向着操场上的师生大声地宣讲着——

"……可是，面对爱国学生的正义行动，北洋政府竟然丧心病狂，凶残地逮捕和镇压学生！是可忍，孰不可忍！同学们，老师们，现在重庆各校的'川东学生救国团'已经成立，他们已经走上了街头，罢课、罢工、罢市的局面已经形成。难道我们能够无动于衷、袖手旁观吗？不！我们应该立即行动起来，加入这场爱国的洪流之中！还我山东！"

紧跟着这位青年教师的演讲，操场上响起了一片震天动地的口号声：

"还我青岛！"

"废除'二十一条'！"

……

不久，广安学生爱国会宣告成立。在广安学生爱国会的一道醒目横幅的引导下，广安中学堂的师生沿着翠屏山坡，高呼着口号，向广安街头拥去……

邓希贤走在这群情激昂的队伍之中，第一次感到，自己小小的身躯，和自己的国家、自己的民族以及广大的民众，贴得这么紧密，这么心心相印，这么同呼吸、共命运！

在游行的队伍里，和他并排走在一起的，除了他的同学李再标，还有他的协兴同乡胡明德、邓绍圣等人。

——这两个人后来都曾与邓希贤一起赴法国勤工俭学。胡明德后来改名胡伦，在法国加入了中国共产党，像邓希贤一样，成为中共早期的党员，归国后担任过共产党的高级干部；邓绍圣比邓希贤大三岁，按邓氏辈分应是邓希贤的叔父，后来在革命中牺牲。当初，他们都是广安中学堂第十班的同学。

在游行的队伍里，他们不知不觉地把手臂紧紧挽到了一起，各自都感到了一种从未有过的强大力量！

"天下兴亡，匹夫有责！"

"不用一根洋线，不用一寸洋布！"

"抵制日货！雪我国耻！"

在那激动人心的日日夜夜里，邓希贤和他的伙伴们，把一张张鲜艳的爱国标语贴在一家家商铺的门板上和高墙上，贴满了广安的每一条街巷。

在那民众汇聚集中的路口，邓希贤和同学们一起，选择一处高高的台阶站定了，为民众们高唱那首岳飞作词的古曲《满江红》——这是当时广安县立中学堂人人都会唱的一支气势雄浑的歌曲：

"……抬望眼，仰天长啸，壮怀激烈……莫等闲、白了少年头，空悲切……待从头、收拾旧山河，朝天阙。"

悲壮的歌声里，传达着邓希贤这一代学子殷切的爱国心声，流贯着他们满腔慷慨激愤的热血。

"……莫等闲、白了少年头，空悲切。"

深沉而雄壮的歌声,同仇敌忾的同学少年,也使邓希贤更深刻地理解了他几年前读过的梁启超先生的那篇宏文《少年中国说》里的论断:

"……少年强则国强,少年独立则国独立,少年自由则国自由,少年进步则国进步,少年胜于欧洲,则国胜于欧洲,少年雄于地球,则国雄于地球……"

正是由于全国爱国学生和民众誓不妥协、前仆后继的斗争,在巴黎的中国政府代表团迫于国内人民的强大压力,最终拒绝在巴黎和约上签字。而伟大的五四运动,从此也为中国历史翻开了新的一页……

— 22 —
"德先生"与"赛先生"

北洋军阀政府想在巴黎和约上签字的打算,最终被爱国的学生和民众挫败了。然而,伟大的五四运动并没有就此告终,它在继续向纵深方向发展。这是因为,中国人民反帝、反封建的历程是漫长的。

五四运动也并非仅仅是发生在1919年的一场爱国抗争的浪潮,而是古老的中华文明、中国传统文化与伦理道德的一场蜕变、一场新生……

当时在广安中学堂,师生们虽然也在不断地接受着五四新思潮、新文化的冲击,但是陈旧的封建思想并未完全消除,旧文化与新思潮之间的矛盾冲突和力量对抗,正在尖锐地进行着。一些教师也追随着当时的那股尊孔读经,要把孔教定为"国教"并列入宪法的"复古"潮流论,顽固地留恋着旧文化,抱残守缺,宣扬复古,想方设法抵制新思想。有的教师甚至公开把《孝经》之类的陈旧经文拿到课堂上讲授，对新编国文课本和白话文不屑一顾。

这些做法当然引起了学生们的强烈不满。不少学生再也不愿回到课堂里听讲了，有的甚至在课堂上呼呼大睡起来，以此表示对这些陈词滥调的抗议。

邓希贤也由开始的狂热、迷惘而转入对旧文化与新思想的矛盾交锋局面的思索之中。

他没有像别的同学那样，消极地去对待新文化的黎明到来前的这段黑暗时光。

他通过多种渠道找来当时出版的《新青年》《蜀学报》等报刊书籍进行深入的阅读，希望能够从中找到答案。

他读了陈独秀的《旧思想与国体问题》，记住了里面这样一些句子："……腐旧思想布满国中，所以我们要诚心巩固共和国体，非将这班反对共和的伦理文学等等旧思想，完全洗刷得干干净净不可。否则不但共和政治不能进行，就是这块共和招牌，也是挂不住的。"

他读了鲁迅的白话小说《狂人日记》，懂得了封建宗法礼教制度"吃人"的本质，耳边时时回响着那沉痛的"呐喊"的声音："……没有吃过人的孩子，或者还有？救救孩子……"

在四川，当时还有一位大名鼎鼎的新文化人物，名叫吴虞

（1872—1949）。曾正源先生曾对邓希贤讲过，这位吴虞先生是四川新繁人，留日学生，回国后一直在成都教书。《新青年》杂志最早发行到成都时，只有五个订户，吴先生和他的学生各订了一份。吴先生是四川的一位批判孔教、宣扬新文化的急先锋。曾正源先生推荐给邓希贤看的《吃人与礼教》《松岗小史序》《儒家主张阶级制度之害》等几篇文章，正是这位吴先生写的。

邓希贤读了这几篇文章，禁不住拍手称快，还把上面的许多段落，都画上了欣悦的、红色的竖线。

如："……二十四史，徒为帝王之家谱，官吏之行述，陈陈相因，一丘之貉……"

又如："呜呼！孔孟之道在六经，六经之精华在满清律例，而满清律例则欧美人所称为代表中国尊卑贵贱阶级制度之野蛮者也。"

不过，邓希贤也注意到了，吴先生说："我们今日所攻击的乃是礼教，不是礼仪。"这和陈独秀先生的一段言论是一致的："我们反对孔教，并不是反对孔子个人，也不是说他在古代社会无价值。不过因他不能支配现代人心，适合现代潮流，还有一班人硬要拿他出来压迫现代人心，抵抗现代潮流，成了我们社会进化的最大障碍。"

邓希贤觉得，陈独秀、吴虞这些新文化人物的分析论述是实事求是、令人心悦诚服的。也正是通过《新青年》《蜀学报》这些书刊，邓希贤知道了蔡元培、李大钊、胡适、鲁迅、周作人、钱玄同这些人的名字。从这些文章里，邓希贤逐渐明白了，五四新思潮和新文化运动在猛烈抨击和扫荡中国几千年的旧思想、旧道德的同时，也高高举起了最耀眼的两面大旗，这就是"民主"和"科学"。

根据当时的译音，民主，即 Democracy，被称为"德先生"；科学，即 Science，被称为"赛先生"。

邓希贤明白，在古老的中国，只有尽快地输入这两位"先生"的新鲜血液，才能彻底改变愚昧、贫穷、专制和封建伦理道德的多重压迫与束缚，使一直被讥为"东亚病夫"的华夏民族重新站立在世界东方。否则，中国的命运将仍然是一片渺茫。

在1919年春夏时节的那些日子里，"德先生"和"赛先生"是常常萦绕在邓希贤脑海里的两个名词。

如果说，他一直是在校园里、在进步书刊中寻找着什么"答案"的话，那么，"德先生"和"赛先生"就是他找到的"答案"之一。

只是，他也十分明白，古老的中国虽然找到了"德先生"和"赛先生"，但要真正地走近他们，拥有他们，却还有着漫长和艰辛的历程……

这一年，在广安县立中学堂，除了《新青年》等书刊的影响，还有一件事，也使邓希贤再一次感受到了反抗和斗争的力量。

当时，担任广安县立中学堂校长兼广安县视学的郑泳菊和学监陆晓东等人，把一些官僚衙门里独断专行、飞扬跋扈的愚民做派带进了学校，恣意践踏学生们要求平等、民主的呼声，任意克扣学生的膳食费，引起了学生们的不满。然而，校长和学监却相互勾结，压制和处分了带头表达不满的学生，还美其名曰"整肃校风校纪"。结果学生们奋起抗争，砸烂了校方挂出的公示牌，并集体罢课一个多月，要求校长和学监滚出校园……

这场学潮在当时的广安引起了全社会的轰动，学生们用集体反抗的行动，显示了争取自由和民主、反抗专横和愚民政策的力量与勇气。或许还可以说，这次学潮的爆发，正是五四新文化思想和民主、自由意识在广安所产生影响的一次成果展示。

邓希贤也积极地参与了这次学潮。

学潮的结果是校长被迫下台，学监也闻风而逃，学生们取得了最终胜利。邓希贤从整个事件中，亲身感受到了"人心齐，泰山移"的道理，感受到了一种斗争与反抗、争取民主与自由的力量和信心。

学潮结束了。又一个暑假一天天临近。

带着新买到的几本最新出版的《新青年》杂志，带着一些沉甸甸的思索与收获——关于"德先生"与"赛先生"的思索、梦想和收获，邓希贤收拾好行装，又一次回到了故乡牌坊村。

不过，此时他还并不知道，他这一次的离开，也将是他今生永远地离开了广安县立中学堂，永远地离开了广安县城的时刻。

因为，就在1919年的这个暑假里，由于他父亲邓绍昌的一个果断决定，邓希贤的人生道路在一夜之间改变了方向。

命运将把他带向一片更为遥远、更加开阔的天地之中……

— 23 —
法兰西梦想

世界上任何一个国家和民族,它从古代走向近代,从闭塞走向开放,从落后走向进步的历史,也往往是它打开眼界、敞开国门、走向世界的历史。

长期以来,古老的中国就是一个有着几千多年封建历史的专制国家。1840年第一次鸦片战争,西方的坚船利炮轰开了中国厚重的大门,同时也震醒了中国的仁人志士,他们吃惊地发现:世界正在变小!再远的距离、再厚的城墙、再坚固的壁垒,也没有办法把中国和外面的世界彻底地隔离开来了。

鸦片战争的结果,一方面使古老的中国由一个庞大的东方帝国逐渐成为一个半封建半殖民地国家,人民在外受侵略、内受腐败统治的双重压迫下,忍气吞声,生活在贫困交加之中;另一方面,一些先进的中国人,一些先一步觉醒的仁人志士,开始走出闭锁的国门,经过千辛万苦,到欧美、日本等国家去寻找和探求救国救民的真理与道路。

当时这些人有一个普遍的认识：要想改变中华民族贫穷落后的面貌，唯一的出路就是向先进的西方学习，不仅仅是学习他们的语言、政法、军事、科学，还要学习他们勇于摒弃旧观念的束缚，敢于改革和革命，追求民主与自由的先进思想。

所以，在19世纪末和20世纪初叶，中国知识分子走向西方，中国政府向日本、英国、美国、法国等国家派遣的留学生之多，可以说达到了惊人的程度。

赴法勤工俭学，也是当时新文化运动和留学西方大潮中的一个组成部分。

陈独秀当时在《新青年》杂志上发表文章说："欧罗巴之文明，欧罗巴各国人民，皆有所贡献，而其先发主动者率为法兰西人。"

他称赞法国是"世界文明之导师"，认为："今之巴黎，犹为科学文艺之渊薮，吾国人而欲探讨欧西真正之文明，理应游学彼中，以求真谛。"也就是说，他认为法国巴黎堪称世界上领先的科学和文化的发源地，中国人要想了解真正的欧洲文明，寻求救国的真理，就应该到巴黎去。

早在1912年，即辛亥革命后的第二年，李石曾等就在北京发起成立了留法俭学会。这个留法俭学会以节俭费用、推广欧洲文明为宗旨，指导、介绍和组织国内有条件的青年学子，自费去法国留学。

第一次世界大战爆发后，法国政府在中国廉价招募了大量的劳工，这些劳工的知识程度很低，在国外受尽外国资本家的压榨与盘剥。1916年，蔡元培在法国巴黎成立了华法教育会，帮助在法的中国劳工学习知识，接受教育，提高素质。

后来，勤工俭学会和华法教育会又移师国内，1917年，蔡元培、吴玉章成立北京华法教育会和留法勤工俭学会。之后国内许多城市开办了各种形式的留法预备学校和留法预备班，为有志赴法留学的青年介绍学校、指导求学门径。

仅从1919年到1920年，有大约1600名青年学生赴法勤工俭学，形成了一股声势浩大、影响深远的留法勤工俭学风潮。

当时，赴法的青年知识分子中，后来成为中国共产党的早期领导人和中坚力量的，湖南的有蔡和森、向警予、李维汉、李富春、张昆弟、蔡畅等人；贵州的有王若飞等；安徽的有陈独秀的两个儿子陈延年、陈乔年和李慰农等；天津的有周恩来等人；四川的则有陈毅、聂荣臻、邓希贤等人。

邓希贤之所以能够选择赴法勤工俭学这条道路，得力于他的有胆有识的父亲邓绍昌。

这些年来，邓绍昌的变化也很大。在协兴乡一带，他是一位有些知识、也有些见识和胆识的乡绅了。1914年前后，这位协兴"袍哥会"里的"掌旗大爷"，又被广安县长亲自委任为广安的团练局长，又称警卫总办。只是不久，那个广安县长出了事下了台，邓绍昌的团练局长也没有继续当下去。其中还有一个原因就是，他在担任团练局长的时候，奉命带兵讨伐过盘踞在华蓥山上的土匪郑某。

后来这个土匪向政府投降被招了安，还被委任为一个什么师长。邓绍昌看到了官府的黑暗、腐败与游戏，一气之下就离开了广安，到重庆闯荡去了。

在重庆，邓绍昌与一些新潮人物多有交往，结识了不少朋友，尤其是看到了国内军阀混战、新旧思想矛盾交锋、先进的中国人纷纷到国外寻求出路的局面，他深深地懂得了孙中山先生所说的"世界潮流，浩浩荡荡，顺之者昌，逆之者亡"的道理。所以，当他从朋友那里获知吴玉章等人正在四川组织留法勤工俭学会，并在重庆创办了留法勤工俭学预备学校的事情后，略一思索，便果断地做出决定：这是一个好机会！应该叫贤娃儿出去闯荡一番！

于是，邓绍昌从重庆给邓希贤捎回口信，嘱咐他去重庆报考留法勤工俭学预备学校：

到法兰西去！只有那里，才有先进的工业技术，才有人类先进的民主思想；只有在那里，才能找到真正的"德先生"和"赛先生"……

——许多年后，当广安人回过头来，重新打量邓希贤小小年纪（仅16岁）就远离家乡赴法留学这件事情时，人们有一个普遍的认识就是：作为长期以来习惯于封闭和自足的小农生活，并且笃信"父母在，不远游"这句古训的巴蜀子民邓绍昌父子，能够果断地迈出这一步，无疑是需要极大的勇气和胆识的。邓绍昌的气度和决心，对邓希贤后来的人生走向，起了重要的推动作用。

一个关于法兰西的梦想，就在小小的牌坊村里诞生了……

— 24 —
告别故乡

这些日子里,心里最难受的是邓希贤的妈妈和年老的婆婆了。她们这一生连小小的协兴场也没离开过,因此更无法想象那个叫啥子法兰西的地方离牌坊村和协兴场有多远,那里会是一个什么样子。

邓希贤的妈妈只是听人讲过,那里的人都是红头发、蓝眼珠,鼻子高高的,喜欢吃血淋淋的生牛肉,喝凉水……

"贤娃儿才15岁呀!他孤身在外,没人照顾,要受多大的苦啊!"妈妈常常整夜整夜地睡不着,流着泪和婆婆一起为邓希贤担忧。

"在家千日好,出门一时难!绍昌太狠心了嘛!叫贤娃儿去个啥子外国嘛!"婆婆也无法理解儿子的决定,"我看哪,都是绍昌这几年自己在外面野惯了,现在倒好,连自己的儿子也带跑了……"

两个人你一句我一句的，说不尽的埋怨和担忧。即使这样，也无法改变邓绍昌父子已经做出的决定。

她们唯一能做的，就是悄悄找出贤娃儿所有可以带走的衣物和家中最好的布料，一边缝缝补补，一边裁裁剪剪，为即将远行的邓希贤赶做衣装。

邓希贤把这一切看在眼里，不禁想起了唐代诗人孟郊的那首《游子吟》：

> 慈母手中线，
> 游子身上衣。
> 临行密密缝，
> 意恐迟迟归。
> 谁言寸草心，
> 报得三春晖。

他想方设法说服并安慰妈妈和婆婆，让她们减轻心里的忧虑和惦念，也想到就此一去，不知啥时候才能再回来，尤其想到妈妈和婆婆含辛茹苦地把自己哺养大了，刚刚能够帮助她们干些重一点儿的家务活儿和农活儿了，如今却又要远离她们，再也不能对妈妈和婆婆尽半点儿孝心了，他充满了不舍！

先期到达重庆的父亲，已托人带回口信，告诉邓希贤说，设在重庆的勤工俭学预备学校，是由重庆商会会长汪云松先生和教育局局长温少鹤先生负责筹备开办的。

校址就设在重庆夫子祠（又叫孔庙）内，学期为一年，学校预备在九月初开学，计划招收两个班：一个高级班和一个初级班。高级班招收中学已经毕业的学生；初级班招收具有初中或同等学力的学生，两个班共招110人。

爸爸还告诉邓希贤，他在广安的两位同学，也是广安同乡的胡明德和邓希贤一个远房叔叔邓绍圣，也已经报考了重庆留法勤工俭学预备学校。如果没有什么变化，那么他们三人将一起前往法兰西，正好互相之间也可以有个照应。

当时赴法勤工俭学预备学校招收的学生分公费生和自费生两类。邓希贤报考的是自费生。

到法国去读书，到底需要多少钱呢？家里能负担得起吗？

这不能不是邓希贤担心的一个问题。因为这些年来一直兵荒马乱的，父亲又常年不在家，家里只靠妈妈、婆婆种桑养蚕和纺线织布来维持生计。面对这样的家境，懂事的邓希贤真不忍心给家里增添沉重的经济负担。

对此，父亲告诉邓希贤说："自费生赴法，除了学校董事会可以给每个学生补助100多元外，另需自己筹集一部分，总共有

300 多元就可以了。只要你能够出去学到本领回来报效国家，那就是爸爸最大的心愿了。至于钱的问题，爸爸再困难也会给你凑足的！"

邓希贤面对爸爸的来信，深深地明白了古人所说的"可怜天下父母心"的道理。爸爸的一片热望，坚定了他按照既定的选择，义无反顾地向前走的决心和信念。

他心想：此行必定艰辛，可是如果不坚定地走下去，半途而废，那就更是对不起先祖和父母，无颜再见"江东父老"了！

一想到这些，他就感到身上又涌上了力量和希望。他怀着无比留恋的心情，悄悄走遍了协兴场上他小时候去过的每一个地方：山坡、水塘、桑园、老井台、翰林院子、北山小学堂、禾场、田埂……

他在心里一一地和它们道了别。

毕竟，这是见证和承载了他整个童年时代成长过程中每一串小脚印的乡土啊！

离别的日子到了。

9 月的一天，雾蒙蒙的清晨，心情沉重的邓希贤不停地拉着妈妈、婆婆、姐姐、弟弟和妹妹的手，怎么也舍不得松开。

"妈妈、婆婆，你们一定要好好保重啊，等着我回来！"他哽咽地对流着眼泪的妈妈和婆婆说。

"弟弟千万要当心啊！早些时候回家！"姐姐先烈心疼地望着弟弟，不时地为弟弟整理着身上的包裹。

"儿行千里母担忧，贤娃儿！妈实在是舍不得你去啊！"

妈妈几乎要放声大哭了。她一次次地把自己的儿子搂在怀里，心仿佛都要碎了。

"妈，你放开弟弟，让他上船吧，别让绍圣叔叔和他的同学等久了。"先烈眼睛红红地拉开了妈妈。

"妈妈、婆婆，再见了！多保重啊……"

一只小渡船，载着15岁的邓希贤，还有邓绍圣、胡明德这三个少年，缓缓地离开了渠江渡口，向广安方向驶去。

他们将一起再从广安搭上去往重庆的船只，顺江而下，直奔重庆。

邓希贤久久地站在船头，不停地向站在渡口的亲人挥动着手臂，向渐渐远去的牌坊村、协兴场的田野、村舍和山冈挥动着手臂……直到这熟悉的一切渐渐变得模糊了。

秋风吹起了他的衣襟。

他的眼里噙着晶莹的泪光。

他不知道，从此以后，他将永远地离开这生活了15年的故土，直到1997年，他以93岁高龄逝世于北京，他再也没有返回广安这片土地。

告别故乡

而在他离开故乡之后，在他为中华民族和中国人民的解放事业日夜奔忙、奋斗、转战南北的日子里，他在广安老家的一些亲人，相继去世了。他们至死也没能再见上邓希贤一眼。这些亲人包括他的母亲，他的父亲，他的祖母，等等。

留在这些亲人心中的，永远是15岁时的贤娃儿的模样。

而这一切，当然是现在的邓希贤所不能预料和无法想象的。

渐渐地，他所熟悉的村庄、山冈、田野、河流，还有站在这片土地上为他送别的亲人们，都变得越来越模糊，再也看不见了。

他知道，他的童年时代从此也就永远地结束了！

— 25 —
大海茫茫

1920年7月19日,重庆留法勤工俭学预备学校的学生们,经过了一年的学习和准备,在重庆商会礼堂举行了隆重的毕业典礼。

重庆商会会长兼预备学校董事长汪云松先生亲自主持了这场毕业典礼。经过学校的毕业考试以及当时法国驻重庆领事馆的口试和体检后,取得留学资格的学生共有80多人。

邓希贤是其中年龄最小的一个。

——1949年12月,重庆刚解放,中共中央西南局第一书记、西南军区政委的邓小平,仍然记得汪云松先生创办重庆留法勤工俭学预备学校的功德,专门找到汪云松先生,请他吃饭。后来,已经成为党和国家领导人的邓小平,说起汪云松先生来,依然赞不绝口,说这位汪先生曾经为共产党领导的新中国培养了两位副总理——这两位副总理,除了邓小平本人,还有一位也是读过留法勤工俭学预备学校的聂荣臻元帅。

1920年8月28日，由重庆开往上海方向的"吉庆"号客轮，载着从重庆留法勤工俭学预备学校毕业的83位四川学生，缓缓离开重庆朝天门码头，顺江东下，向着长江三峡，向着宜昌，向着大上海，向着黄浦江入海口，一路驶去……

83位四川子弟的心中，都铭记着贴在他们毕业典礼主席台两边的那副楹联："今日是莘莘学子，明天是国家栋梁。"

八天之后，他们到达被称为"冒险家乐园"的大上海。

邓希贤和他的同伴们第一次见到了外滩和外滩上那鳞次栉比的由外国资本家开设的银行大厦，看到了黄浦江上那悬挂着花花绿绿的"万国旗"的外国兵舰和以奢华傲人的一艘艘外国邮轮与商船……

美丽的东方之都，几乎全是外国人的天下！这是当时的大上海和外滩留给邓希贤最深刻的印象。

又过了一个星期，1920年9月10日上午11时，这84[1]名四川学生登上了一艘名为"盎特莱蓬"的法国邮轮，邮轮缓缓驶离了黄浦码头，驶出了吴淞口，进入水天茫茫的大海之中，开始了

---

[1] 据当时报刊记载，从重庆出发时为83人（见1920年8月8日《国民公报》），而登船后则为84人（见1920年9月14日《时事新报》）。

征途漫漫的天涯旅程。

这艘大船将在大海上行驶 39 天，行驶一万五千多公里之遥的航程，才能到达目的地——法兰西南部海港城市马赛。

许多年之后，当邓希贤度过了艰辛的法兰西岁月，然后又受党的派遣，转往苏联学习一段时间后，终于重返祖国的怀抱之日，他已不再是一个年少的四川学生了，而是成了一位成熟的青年革命家，一位优秀的无产阶级战士，一位信念坚定的共产主义者。

而此时，大海茫茫，前路漫漫……

84 名四川学生站在大统舱外面的圆形船舷边，依依不舍地望着渐渐后退的祖国大陆……

青山横北郭，
白水绕东城。
此地一为别，
孤蓬万里征。
浮云游子意，
落日故人情。
挥手自兹去，
萧萧班马鸣。

大上海已经渐渐隐入了茫茫的海天之中，再也看不见了，但邓希贤还固执地站在船尾，触景生情，喃喃地吟诵出了李白《送友人》的诗句。

他们乘坐的这艘邮轮，属于几万吨重的大邮船，船上有两根高高的大烟囱，看上去就像我们后来在电影里见过的"泰坦尼克号"，只不过比"泰坦尼克号"略小一点儿而已。

邮轮上的舱位分成了好几等。一等舱的票价是800元，二等舱是500元，三等舱是300元。最差的舱位就是邓希贤他们住的大统舱了，每一个舱位也要100元。

大统舱位于大船底部，因为兼做货舱，所以舱内到处堆放着货物，光线黯淡，空气也不流通，那么多人挤住在一起，舱内不仅闷热难忍，而且还有许多臭虫和蚊子。

不过，这样简陋的条件并没有影响到邓希贤和同学们的情绪，倒是第一次坐海轮所感到的晕船，搞得他和伙伴们头昏脑涨的，想呕吐又吐不出，只好一个个昏躺在床铺上，显得非常狼狈。

"不行！这样躺下去，不吃不喝的，身体会吃不消的嘛！"邓希贤想到，他们要走的路程还长着呢，不能就这么躺在这空气闷热的底舱里，应该出去呼吸呼吸新鲜空气，得挺起来，战胜眼前的困难……

于是，这个年龄最小、看上去矮墩墩的小个子，最先站起来，鼓励着大家说："要不得！要不得！这样一直躺下去，非出大事不可！都起来嘛！大家都起来嘛！坐海轮，一开始是要晕船的，没得啥子了不起的嘛！过一下子就会适应的。现在我们都到外面去呼吸呼吸新鲜空气，看看大海上的风光。如果连这点儿晕船的困难都战胜不了，还谈啥子'科学救国'嘛！……"

经他这么一鼓动，大家果然纷纷爬了起来，互相扶持着出了大统舱，站到了甲板上和船舷边。

只见海天一色，茫茫无边；海鸥跟在船尾高声鸣叫着，追逐着大船激起的雪白浪花……

渐渐地，同学们就忘却了刚才晕船的痛苦，把注意力转向对茫茫大海上云景的欣赏与惊叹之中了。

在他们这一行赴法的同学中，有一个来自四川巴县的学生，名叫冯学宗。他到了法国之后，曾经给家里的亲友写过不少书信，详细地讲述了他们一路的行踪和所见所闻。现在，这些书信片段，正好成了我们了解邓希贤和其他同学当时种种经历的最真实的历史资料。

"14日，船抵香港泊一日。"冯学宗的书信里写道，"此地背山面海，树木阴翳，商旅云集，街市宽阔，屋宇齐整。此地贸易的人，虽是中国人，但那种种的管辖权，是完全属于英国的了。英人自得此地之后，订立许多束缚华人的条例，近已成为一个沿海最繁华最要紧的商埠了。"

船在香港停泊的那天，同行的伙伴们一道上岸，怀着复杂的心情游览了这座被称为"东方之珠"的城市。

这片土地本来是属于中国版图的一部分，现在却到处悬挂着英国的"米"字旗；满街上都是黄皮肤、黑眼睛的中国人，却是在英国人的管理下，过着殖民的生活。

走在香港维多利亚港口边的街道上，有些同伴的心情显得沉重，不时流露出忧虑的神色，他们深切期盼着祖国的日益强大，能够早日将这片土地从英国人手里收取回来。

因为每个人都是囊中羞涩，再加上国家落后的阴影一直笼罩在这些青年学子的心中，所以大家都无心游览香港的繁华风景，只在港口附近随便转了转，便闷闷不乐地回到了轮船上。

不过，在20世纪20年代开端之时，这群走出夔门的少年总算踏上了香港的土地。或许，从他们第一次踏上香港土地的这一天起，他们的心中就有了一个期待和梦想：一定要从英国人手中收回香港的主权和领土，彻底洗雪外国列强强加给中华民族的百年耻辱！

此时，邓希贤大概不会想到，半个多世纪之后，正是由他亲自领导了与英国政府的严正谈判，他提出的"一国两制"的伟大构想，为中国政府在1997年顺利恢复行使香港主权，洗雪国家和民族的百年耻辱，做出了巨大贡献。

美丽的紫荆花，虽然年年在香港开放，但是在中国人民看来，1997年的紫荆花，开得更加耀眼和鲜亮！宁静的浅水湾，迎接过多少日出，送走过多少夕阳，但是只有1997年的日出，显得那么壮丽、那么辉煌！因为那是漫长的、整整一个世纪的等待和盼归，是几代天涯游子终于实现的梦想。

那一年，那些为庆祝香港回归祖国而高高举起了酒杯的人，在那一瞬间或许会想起一个人来，那就是七十多年前，在香港的街道上留下了自己沉重脚步声的、这个名叫邓希贤的、年仅16岁的四川青年……

"盎特莱蓬"号邮轮从香港起锚后，继续在大海上航行。他们将经过越南的西贡，再从新加坡穿过马六甲海峡，然后向着印度洋的方向驶去。

汽笛长鸣，高高的烟囱里浓烟滚滚。邓希贤的心中，似乎也在翻涌着滚滚的浪涛……

这艘大船从 9 月 11 日启碇开航，离开了上海黄浦码头，一直要航行到 10 月 19 日，才能抵达航程的终点——法国马赛港。其间所需的时间有一个多月！

那时候，大海上的航程是缓慢而又乏味的。幸亏那位冯学宗同学留下了一些书信文字，如同一份记录得比较详尽的"航海日志"，使我们在今天能够知道，这一船赴法的青年，在一个多月航程中的生活……

"18 号船抵西贡，"冯学宗的"航海日志"里写道，"此地概是平原，自法人夺去之后，沿岸建筑码头，岸上房舍街市，都秩然有序。只是有一件悲惨的事，就是那亡国的安南（即越南）人。他们的国家，既为外人的殖民地，他们的人民，遂不得不受外人的管辖。他们知识较高一点的，就受法人的呼唤，养成一种不痛不痒的性质。那知识低下的，就受外人使用，耕田挽车，不敢稍辞劳苦，偶一懈怠，即加鞭楚，彼等狼狈啼泣，已极可怜，而法人还要设种种恶例，使彼等永无恢复的一天。例如读书要读法文，着鞋要纳税，既灭人家的文字，又要灭人家的种族，正义在哪里？人道又在哪里？安南人蓬首赤足，四季如一，难道就不成问题吗？"

当轮船在越南西贡港口暂做停留时，邓希贤、冯学宗等一船同学，都把那些令中国人备感屈辱的场景看在了眼里：

每一个上岸去的人，都要经过法国人的严格检查。中国人自鸦片战争后被称为"东亚病夫"，被盘查得更为严格。检查完了，还要列队走到警察署去注册，否则便不许登上岸去。

"狗×的！真是欺人太甚了！"同学们在船舷边愤愤不平地骂道，"简直把中国人都当成候补亡国奴了嘛！"

"中国人啊，啥子时候才敢对这些高鼻子、蓝眼睛的外国人说出一个'不'字啊？"

"落后就会受人欺负，弱国从来无外交啊！国家不振兴，何敢谈一个'不'字！……"

这些充满了激愤和悲叹的议论声，声声入耳，在邓希贤的心里留下了永难磨灭的记忆。

轮船在西贡停留了三天，在21日又启碇向新加坡驶去。

"行三日，达新加坡。"冯学宗在"航海日志"里继续写道，"此地街市屋宇之整齐，与西贡相仿佛，但面积较西贡大，市面亦较清洁。此地有华人数千万，华人商务颇好，所以殷实之家亦多，但有一大部分，仍是劳力的生活。"

25日，轮船从新加坡启程，继续航行。这时候，印度洋上的气候渐渐变得恶劣起来，大风暴扑打着船舷，给人以惊天动地的感觉。大船在剧烈地颠簸着，忽上忽下，一会儿被推上巨大的浪尖，一会儿又被抛下深深的低谷。拥挤在底部船舱的青年学生，一个个都如大病加身，晕晕乎乎的，不思茶饭。

冯学宗在书信里写道："……整整闹了三天，我们望岸之心，真是'如大旱之望云霓'一般。日复一日，望眼欲穿，好容易才盼到停泊休息的哥伦布。"

哥伦布是属于英国管辖的地方，大船虽然在这里暂时停下来稍做休息，但因为船上的赴法学生们只有法国护照，没有英国护照，所以都不允许上岸游览，只能留在船上等待着后面的航程。

屈指一算，他们离开祖国已经有半个多月了！

"咬咬牙，再坚持半个月，这漫长的航程就要结束了。"邓希贤一边扳着手指计算着时日，一边鼓励着已经显得有些焦躁的同伴们，"听说再有一个多礼拜，就可以进入红海了嘛！"

"啥子？还要一个多礼拜？"一个小老乡大声嚷嚷起来，"我已经受不了了！早知道路程这么远，我干脆不出来了嘛！"

"不入虎穴，焉得虎子？"邓希贤打趣说，"天下哪有白吃的午餐嘛！"

果然，十天后，他们由哥伦布经过亚丁湾，穿越阿拉伯海，然后过奇布特，进入了阳光耀眼的红海。

这时候已经是 10 月 10 日了。船上的青年都记得，这一天，也是武昌起义和中华民国成立九周年的纪念日。

"爱国不论远近，我们应该在船上庆祝庆祝嘛！"有人提议说。

"要得，要得！"邓希贤兴奋地响应道，"也让船上的外国人看一看，中华民族的向心力，中华民国的新一代人，就像这红海的日出，正在升起……"

于是，这些满怀爱国热情的青年人，每人制作了一面小国旗拿在手里，神情激动地聚集在大船的甲板上，举行了一个虽简朴却庄严的纪念仪式。他们先是一起向临时挂起的一面中华民国国旗行了三鞠躬礼，然后齐唱了一遍国歌。最后还有人上台讲了新故事、做了演讲，甚至还有人即兴表演了现编的新剧呢！

红海上强烈的阳光照耀在甲板上，原本是苍蓝色的海水，在耀眼的阳光下，变得一片绯红。中国青年们的合唱声、欢笑声和鼓掌声，回荡在辽阔的红海之波上，也吸引了满船的外国人，他们睁大了眼睛，惊奇地看着这群朝气蓬勃的中国青年。他们说不定还在心里纳闷呢：这些年轻的中国人，他们的精神面貌，可完全不像他们的父辈啊！

这一天，也成了这群中国青年登上船以来最为畅快和兴奋的一天！连日来所有的憋屈与郁闷，好像都在这一天里倾吐了出来。

大船在10月13日抵达苏伊士运河河口。

"傍晚进口，两岸林木，排列有序，灯光灼灼耀人，水声潺潺触目，流连启兴，几乎忘却睡乡。"冯学宗在书信里也写到了这一段行程，"翌日，辰刻，凭栏眺望，此河之宽约十余丈，可容两船并行。正在观察之时，不觉已到北口的波赛，我们不曾上岸，没有见着什么事物。午后五时入地中海。当我们出苏伊士运河的时候，岸上铜像直立，威威可畏，赫赫可敬，原来就是开凿运河的雷赛咧。"

当大船在黎明时分穿越运河上的铁路桥时，有一个场景给邓希贤留下了极为深刻的印象：火车到来时，横跨大运河的铁桥巍然屹立，连接和承载着两岸的交通运输；可是当火车通过之后，庞大的桥梁却能自动地向两边收缩而去，让出河面上的空间，使一艘艘大轮船能自由地来往……

如此神奇和先进的科学技术，看得邓希贤目瞪口呆，几乎忘记了身边伙伴的存在。

"了不得！真是了不得啊！"他喃喃地赞叹道，同时在心里默默地期待着,"啥子时候,我们中国也能拥有这样先进的科学技术,那么国家的振兴就有希望了!"

又是一个礼拜之后,"盎特莱蓬"号邮轮终于鸣响着疲惫的汽笛声,缓缓驶进了它的目的地——法国马赛港。

这次航程共历时39天,航程超过三万里,是少年邓希贤此生所经历的最漫长的一次海上远航。

毛毛在《我的父亲邓小平(上卷)》一书里写道:"第一次出国,第一次远洋,异国他乡的风情,海阔天高的景色,一定给每一位同学都留下了不可磨灭的印象和深深的感触。"她说,"首次出国远洋,同样给父亲也留下了深刻的印象。"

—26—
初到法兰西

看城市的街道

摆荡着，

货车也像醉汉一样颠扑，

不平的路

使车辆如村妇般

连咒带骂地滚过……

在路边

无数商铺的前面，

潜伏着

期待着

看不见的计谋，

和看不见的欺瞒……

市集的喧声

>像出自运动场上的
>
>千万观众的喝彩声般
>
>从街头的那边
>
>冲击地
>
>播送而来……
>
>接连不断的行人,
>
>匆忙地,
>
>踉跄地,
>
>在我这迟缓的脚步旁边拥去……

这是20世纪20年代在法国留学的现代诗人艾青眼中的马赛。马赛,是法国南部一个重要的海港城市,地处罗讷河口和地中海之滨。在诗人艾青看来,20世纪20年代的马赛是一座"可怕的城市",有如"盗匪的故乡"一样,充满了掠夺、暴力、欺诈、盘剥和严重的贫富不均。它是资本家、投机者和富人们的天堂,也是流浪者、穷人和劳动力出卖者们的地狱。

>海岸的码头上,
>
>堆货栈
>
>和转运公司

和大商场的广告，

强硬的屹立着，

像林间的盗

等待着及时而来的财物。

那大邮轮

就以熟识的眼对看着它们

并且彼此相理解地喧谈。

……

这大邮轮啊

世界上最堂皇的绑匪！

几年前

我在它的肚子里

就当一条米虫般带到此地来时，

已看到了

它的大肚子的可怕的容量。

它的饕餮的鲸吞

能使东方的丰饶的土地

遭难得

比经了蝗虫的打击和旱灾

还要广大，深邃而不可救援！

>   世纪以来
>
>   已使得几个民族在它们的史页上
>
>   涂满了污血和耻辱的泪……

1920年10月19日，邓希贤和另外83位中国同学一起，在马赛港下船，踏上了法兰西的土地。

正如艾青的诗里所描述的一样，他们一进入马赛，就强烈地感受到了这里的繁忙与喧嚣，尤其是一眼就看到了这里的豪华与贫穷、享乐与艰辛的明显对比：一边是堆积如山的财富和货物，是华丽的酒店和娱乐中心；一边是破烂的工棚和被沉重的货物压得直不起腰的码头劳工……

设立在巴黎的华法教育会派人来到码头，热情地迎接了这一批从祖国来的青年。

在他们上岸后的第二天，当地的一份《小马赛人报》报道和描述说：一百名中国青年到达马赛，他们的年龄在十五岁到二十五岁之间，穿着西服和美式服装，戴着宽边帽，身着尖皮鞋，显得彬彬有礼和温文尔雅……

他们在马赛乘坐长途汽车，经过了十几个小时之后，到达巴黎。

华法教育会总部设在德拉普安特大街39号。这里是所有来法国勤工俭学的中国青年学生的"娘家",也是他们的"集散中心",许多中国青年在这里进进出出,迎来送往的,十分热闹。

邓希贤他们一行人刚刚走到这里,一些早先到来的学生,尤其是四川老乡,就站在大门口欢迎他们了。

"欢迎啊小兄弟!你们一路辛苦啦!"邓希贤刚提着行李走下汽车,就看见一个身材比较魁梧的大哥哥模样的人,微笑着向他打着招呼,"好了不起嘛!这么小就出来勤工俭学了?来,我帮你提行李。"

"多谢了!多谢了!"邓希贤连忙感激地说,"呀,听口音,你也是四川人嘛!"

"对头对头。我是川东江津人嘛!"大哥哥一边帮着提行李,一边打量着这个敦敦实实的小个子说,"小兄弟想必也是四川老乡嘛,府上哪里啊?怎么称呼啊?"

"我叫邓希贤,广安县协兴镇的嘛!都是川东老乡嘛,请大哥多多关照了!"

"这么客气干啥子嘛!邓希贤小弟,我叫聂荣臻,比你们早大半年来到这里,见到你们好高兴哦!真是'老乡见老乡,两眼泪汪汪'啊!"

"聂大哥,我们初来乍到,以后请多多指教嘛!"

邓希贤好像在一瞬间就喜欢上了这位性格有点儿豪爽的川东

老乡。

"啥子指教不指教的嘛。我现在在蒙塔尔纪的一家橡胶厂做工,小兄弟以后如果有机会也来这里做工,就尽管去找我好了。"聂荣臻一直帮邓希贤把行李提到大堂里,然后拍了拍这个小个子的肩膀说,"好嘛,到了这里,就算宾至如归了。我还有别的事情要办理,这会儿就算来对老乡们表示了一点儿欢迎之意。来日方长,后会有期嘛!"

"橡胶厂?"邓希贤点点头说,"好,我以后一定去看望聂大哥!"

这一次相识,也是邓希贤和聂荣臻这两位老战友漫长的革命友谊的开端。聂荣臻,青年时代和邓希贤一样,也在家乡江津受到了进步思潮的影响,在中学时代参加了五四运动。1920年年初来到法国勤工俭学,先在橡胶厂、钢铁厂做工,1922年进入比利时沙洛瓦劳动大学学习。新中国成立后,被授予中华人民共和国元帅军衔。

毛毛在她的书中写道:"从法国时期开始,父亲便和他结下了战斗友情。解放后,从1952年到1957年,我们家和聂家曾比邻而居,我们孩子们常常穿过院墙的小门到聂伯伯家玩。聂伯伯也常常请我们全家去他家吃四川风味——豆花。1992年聂伯伯去世前,父亲已很少出去串门,但有时还是去聂伯伯家走一走。

每次见到聂伯伯，父亲总是亲切地叫他'老兄'。他们自从这次见面结下的友谊，历经七十二个春秋，历尽风风雨雨，深沉、深刻而又感人至深。"

所有的人都安顿下来之后，华法教育会为了让新来的同学对法国和巴黎有个初步的了解，同时也可以稍做休整，便派了一些熟悉情况的留学生，带着邓希贤和伙伴们，参观和游览了巴黎以及周围的一些主要建筑和名胜，如凯旋门、埃菲尔铁塔、凡尔赛宫、卢浮宫、枫丹白露，以及蒙塔尔纪、圣得田、佛勒尔等地。

巴黎的风景是美不胜收的，但邓希贤对看风景并没有多大的兴趣。倒是巴黎城里井然有序的电车、地下隧道、地铁等现代化设施，给他年轻的心灵带来了极大的震动。

"也许，法兰西真正的先进与伟大，就体现在这些方面。"他在心里对自己说。而面对陈列在卢浮宫里的许多艺术珍品，尤其是那些从世界各地搜罗来的稀有文物，他更多的是在想着八国联军的强盗行径，想到1860年圆明园的冲天大火，想到甲午海战、庚子赔款，想到那许许多多丧权辱国的不平等条约……

"有一天，两个来自欧洲的强盗走进了圆明园。一个强盗洗劫财物，另一个强盗放火……他们对圆明园进行了大规模的劫掠，赃物由两个胜利者均分……将受到历史制裁的这两个强盗，一个叫法兰西，另一个叫英吉利……法兰西吞下了这次胜利的一半赃物……"

那时候，邓希贤也许还不曾读到，大文学家雨果的这封充满了对英法强盗的谴责性的书信。但他的心里却有着和雨果一样的联想，一样的正义和愤怒。

因此，他在心里暗暗发誓：无论怎样，作为中华民族的子孙，都应该自强不息，努力拼搏，为中华民族的崛起和富强而奋斗！

几天后，华法教育会把邓希贤他们分别安排到一些地方中学去学习或补习法文。邓希贤和他的远房叔叔邓绍圣被分配在法国西北部诺曼底的巴耶中学学习。他的同乡胡伦，被分配到远离他们的巩比耶公学就读。

"胡伦，我们就要分别去不同的地方了。"临别前，邓希贤拉着胡伦的手说，"我们来法兰西，就是为了一个目的：学到一点儿有用的东西，回去报效自己的国家！记住了，好好学习，我们要自己给自己争口气！"

"到了就来封信报个平安！多保重嘛！"邓绍圣也叮嘱胡伦说。

"要得，要得！我们都多多保重！再见了，邓希贤！"

三个人在华法教育会的大门口不舍地告别了。

— 27 —
巴耶中学的短暂时光

诺曼底,位于法国西北部,距离巴黎大约有两百多公里的路程。1920年10月21日,邓希贤、邓绍圣以及其他二十二名中国学生,来到诺曼底的巴耶中学,开始了寄宿制学习生活。

当地的《巴耶日报》在10月22日刊登了一条消息,标题为《中国学生到巴耶》,其中说道:

"二十多名中国学生在二名法文讲得非常流利的同乡带领下,于昨天晚上到达巴耶市。这些年轻人是由他们的政府派往法国的,并在巴耶中学学习他们感兴趣的课程,以便使他们了解法国的语言和风土人情。他们是寄宿制学生。"

这是一所私立学校,校内实行的是严格而刻板的管理方式。学生每天早晨6时必须起床,6时半开始自习,上午8时至11时,下午2时至4时为上课时间,晚上8时回到各自的寝室,9时准时熄灯。

中国学生在这里虽然是单独开班，但仍然必须遵守本校所有正规的生活秩序。学习的内容主要是提高法语水平。这对邓希贤和同学们来说，吸引力并不大，几个月下来，他们所学到的东西其实很有限，而且吃得也很差。

当时保留下来的一份在巴耶的中国学生的开支账单显示，1921年3月份，邓希贤在当月一共用了将近245法郎的食宿费，其中200法郎的生活费，7法郎的洗衣费，7法郎的卧具租金，12法郎的校方收费，此外还有18法郎多一点儿的杂支费用。

根据这份账单记录，当时其他中国学生的杂支费用一般在15到50法郎之间，平均26法郎左右。由此可见，邓希贤的杂支费用是属于比较节俭的。这是因为，他心里明白，离开家乡的时候，自己家的家境已经相当窘迫了，是卖掉了一些谷子和田地，才凑足了供他赴法留学的费用的。所以，他在巴耶的生活还是相当节省和俭朴的。

邓希贤不但生活上比较节俭，在学习上也十分刻苦。在不长的时间里，他的法文口语和听写能力都有了较大提高。

尽管日常生活比较节俭，但他带来的一点点钱很快就用得差不多了。别的同学也一天天感到了生活费用的局促和紧张。

这一天，在寝室里，他们又小声议论开了。其中一个同学说："天天几片面包，一碗清水，硬是要饿死人哦！"

"唉，我现在身上连一个法郎都找不出来了，家里又没得钱汇来，真急死人了！再这样熬下去，啷个办啊？"另一个同学也在床上唉声叹气。

年龄稍微大一点儿的邓绍圣问邓希贤说："邓希贤，你说该怎么办才好？学业才刚开始，囊中就已经如此羞涩！你我两人的钱加在一起，也只剩下几十法郎了……"

"是呀是呀，是得想想办法了！"邓希贤皱着眉头，在寝室里走来走去。显然，他也感到了问题的严重性和紧迫性。

"你们看，这样好不好？"邓希贤征求大家的意见说，"我们来这里的目的就是勤工俭学的，而不是坐享其成。眼下，我们的钱都用得差不多了，哪里还好意思再跟家里要！但又不能不继续我们的学业，所以，我想，我们不如现在就向校方提出，暂时中止在这里的语言学习，大家一起返回华法教育会去，请他们给我们想些有效的办法，靠自己的劳动先去挣点儿学费回来嘛！勤工俭学，勤工俭学，俭学不成，就先勤工嘛！"

"要得！要得嘛！反正在这里也学不到啥子新东西了，提前离开这里，说不定还能'柳暗花明又一村'呢！"有人马上就响应道。

"对头！邓希贤说得对头，车到山前必有路！我们现在就去找校方谈，然后回华法教育会去想办法……"

"看来，只有先走勤工这条路了！"邓希贤望着邓绍圣，坚定地说道。

就这样，1921年3月13日，邓希贤、邓绍圣和其他十多名中国同学一起，告别了仅仅在此学习了五个月的巴耶中学，踏上了返回巴黎的归程。

巴耶中学当时的一份报告上说：二十多名中国学生中的"十九名，于13日晚上离开学校。他们自称去克鲁梭市工作。我怀疑他们是去做工。"

这份报告说得没错，他们确实是要去打工的。为了日后能够继续"俭学"，他们现在只好先去"勤工"。他们梦想着用自己的双手、用自己的力量，去证明"劳动创造世界"这个伟大的真理。

不过，年仅16岁的邓希贤当时并没有想到，从他离开巴耶中学这天起，到他以后在法国度过的五年时间里，他再也没有机会过上法国的学校生活了。在巴耶中学的五个月的学习，成了他留学法国的唯一一段在校园里的学习生涯。

此后，命运将驱使着这个青年，朝着一名职业革命家和政治活动家的方向，一步步走去……

—28—
钢铁厂的小轧钢工

20世纪20年代初期,第一次世界大战刚刚结束,整个法国进入了战后的经济萧条时期。因为战时物品的订单生意已经没有了,不少工厂停业或关闭了,剩下的一些厂子也在大量裁减员工,失业问题在当时的法国十分突出。因此,一些抱着勤工俭学的梦想前来留学的中国学生,要想尽快找到一份可以挣点儿薪酬的工作,并不是一件容易的事。

这些学生分散在法国各地的工厂里做些力所能及的"杂工",或称"散工"。"散工"这个词语在法文里的发音是"马篓五",因此,留学生们就苦中作乐地相互戏称彼此为"马老五"。当时他们中间还流传着一首"顺口溜":"做工苦,做工苦,最苦莫过'马老五'……"

当然,能有机会成为一名"马老五",还算是一件值得庆幸的事呢!还有大量同学根本就没有机会找到什么工作,只好挤住在巴黎德拉普安特大街39号的华法教育会里，依靠教育会每人每天发给的6法郎的生活补贴，暂时度日。

1921年3月，当邓希贤和同学们离开巴耶中学，返回巴黎的时候，华法教育会里已经人满为患，上千名失学和失业的学生像难民一样拥挤在这里，过着朝不保夕的生活。当时，华法教育会里除了二楼用作办公场所，其他地方——一楼、地下室、顶部的阁楼上，都住满了学生，甚至外面的院子里也搭起了简易的帐篷，供陆续回来的、没有住处的学生暂时过夜。

邓希贤他们回来后，被安排在教育会的大厅里，搭起了临时的地铺。邓希贤在这里度过了将近一个月的时间。

——很多年之后，他曾向自己的女儿毛毛回忆过这段生活。他说："（法国）那时已在第一次世界大战后的两年，所需劳动力已不似大战期间（即创办勤工俭学期间）那样紧迫，找工作已不大容易，工资也不高，用勤工方法来俭学，已不可能。随着我们自己的切身体验，也证明了确是这样，做工所得，糊口都困难，哪还能读书进学堂呢。于是，那些'工业救国'、'学点本事'等等幻想，变成了泡影。"

但是，他仍然在忧心忡忡的日子里等待着出去做工的机会。

好在华法教育会不久就为他们联系到了一份工作——到设立在克鲁梭的施奈德钢铁厂里去做"散工"。

1921年4月2日，邓希贤、邓绍圣以及另外几名四川学生，一起来到比较偏僻的、位于法国南部的克鲁梭市。

这是一座有名的重工业城市。施奈德钢铁厂是当时法国最重要的钢铁生产厂和军火生产地。这个工厂有三万多工人，包括铁道、机械、造炮、冶炼、建筑、翻砂、电气等部门。

早在邓希贤他们到来之前，这座工厂就已经开始招募大量的外籍工人，以此补充因为第一次世界大战的征兵所造成的青年工人的短缺。

施奈德钢铁厂的老档案里，至今还保存着邓希贤一行人当年的登记档案，大致信息如下：

邓希贤，16岁，来自巴耶中学，由哥隆勃中法工人委员会派送，进厂注册日期为1921年4月2日，工人编号为07396，工作车间为轧钢车间，工种为轧钢工。

邓绍圣也被分配在这个轧钢车间做轧钢工。

这是一个劳动强度很大，而且有一定危险性的工种。轧钢工要先把高炉里滚沸的钢水倒入铸钢模型槽里，待火红的钢水铸压成钢锭后，再用长长的火钳把钢锭拖出，一直拖到轧钢机运行的轨道中，然后由轧钢机按规定轧压成不同类型的钢材。

这些工作通常要在温度高达40摄氏度以上的高温车间里进行。钢水炽热，钢渣飞溅，这且不说，从轧钢机里刚刚轧压出来的炽热的钢材，往往带着极大的冲力，甚至乱穿乱飞，稍不留神，就有可能被烫伤，甚至发生伤亡事故。

望着那些汗流浃背、来回操作着长钳的工人紧张和忙碌的样子，邓绍圣不禁有些生畏，就小声对邓希贤说道："我的天哪！邓希贤，这份工看起来怪累人的，弄不好还有伤人的危险，我看我们干不下来哦！"

"那你说哪个办？来都来了嘛！"邓希贤的脸被火红的钢板映得通红。

"我是怕你年纪小，吃不消这份苦！要不我们还是回教育会再想想办法？"

"不用了！"邓希贤暗暗地咬着牙说，"既来之，则安之。找到一份工作不容易，别人做得，我们也就做得！"

看到邓希贤态度比较坚决，邓绍圣也就不再说什么了。他们很快就在轧钢车间报了到，正式开始了最艰苦的勤工生活。

从此，这个从来没有受过任何车间技术训练的16岁的中国少年，凭着自己勤劳的双手，开始学习和从事各种车间活儿：拉煤炭、运送钢板、推铁屑、拉钢条，以及锉、镟、钻、刻等。

孟子曰："天将降大任于是人也，必先苦其心志，劳其筋骨……"他尚未成年，正处在长身体的年龄，但却不得不干着如此繁重的苦工，每天累得几乎直不起腰来，而且经常不分昼夜，早、中、晚三班循环，加夜班成了家常便饭。

最糟糕的是，他的工资收入极其微薄。中国学生的所谓固定工资每天只有12到14法郎，而邓希贤当时只有16岁，法国规定，年龄不满18岁的，只能当学徒工。学徒工的工资每天只有10法郎，还要扣除一个法郎的"保证金"，实际上只有9法郎。因为收入低微，生活就十分拮据，每天的伙食更是非常简单了，常常是面包就着自来水下咽。

下班后，中国学生们就住在工厂专门修建的一个简易的大工棚里，而且离厂子有二十多里地。二十多人住在一个大屋子里，生活设施的简陋就可想而知了。

毛毛在她的《我的父亲邓小平（上卷）》里，描写邓希贤和他的同学们这一段工厂生活时，写过这样一段话："本来，中国学生到工厂做工，是想以勤工而达到俭学的目的。可是，繁重的苦工压榨得他们精疲力竭，低廉的工资更使他们连日常生活都不能支持。父亲曾说过，他在克鲁梭拉红铁，做了一个月的苦工，赚的钱，连饭都吃不饱，还倒赔了一百多法郎。"

邓希贤在这个工厂里只做了三个星期的苦工，最终在1921年4月23日愤然离开了此地。

一个月后，邓绍圣等人也离开了这个厂子。

将近一个月的苦工，虽然只是邓希贤少年勤工生活里的一段小插曲，但在今天看来，却也是一段颇不寻常和大有收获的人生经历。

在这里，邓希贤亲身体验到了资本主义社会的残酷与冷漠，以及资本家对底层工人的压榨和剥削。这段生活经历告诉了他，资本主义社会的所谓"富有"的外表下，滴淌着工人阶级的汗水、泪水和血水。

在这里，邓希贤也学会了包括钳工在内的许多车间手艺活儿，体验到了劳动工人的辛苦与劳累。这份工作体验和手艺，也为许多年之后，在"文化大革命"的十年期间，他被打入生活底层，过着自食其力的劳动工人生活，打下了基础。当然，最重要的是，在这里，他从法国工业无产者、工人阶级的劳动中获得了最初的经验和感受，认识到了资本主义的罪恶本质。

四月的欧洲大地上，橄榄树早已吐绿，杜鹃花正在开放……

可是，16岁的邓希贤，却无心欣赏这春天的风景。

前路漫漫，他背着自己小小的行囊，正在寻找着自己新的前程。

他深深的小脚印，留在了法国南方的道路上；他坚定的脚步声，正在撞向未知的明天……

— 29 —
艰辛的滋味

1921年8月,邓希贤在失学、失工和渺无希望的困境中,度过了自己的17岁生日。

离开了克鲁梭的施奈德钢铁厂后,他只好又一次回到巴黎的华法教育会,暂住了下来。

教育会里有一位工作人员,名叫李璜,去年曾经到马赛的码头迎接过邓希贤这一行学生。现在,邓希贤和他已经很熟悉了,所以说起话来也就不再有什么拘束了。

"李先生,不好意思啊,又回到你这里来'吃大户'了!"邓希贤望着正在那里抄写文件的李璜说,"偌大一个法兰西,只有你这里才有我们的容身之地啊!"

"哦,邓希贤,机灵鬼!是不是人家钢铁厂歧视你个子不高,自尊心受到伤害了?"李璜故意跟邓希贤开了个玩笑,想消解一下他心中的郁闷。

"唉！别提了！如果仅仅是因为个头小受欺负，我还可以忍受，他们的英雄拿破仑的个子也并不高嘛！实在是，那些资本家的工头没有把中国学生当人看，在他们眼里，我们都只是一些人肉机器而已嘛！"

"说得有道理啊！好多回来的学生都有此同感！"李璜满怀同情和无奈地说道，"既然如此，你愤然离开那里也是明智之举。士可杀而不可辱嘛！"

"离是离开了，回也回来了，只是，从家里带来的一点点钱，早就用得光光的了。眼下，生计都成了问题了。"邓希贤面露忧戚地说道，"李先生，又要麻烦你多留个心，看看有没有啥子工作可做嘛！"

"莫要悲观，天无绝人之路嘛！"李璜安慰邓希贤说。

"悲观倒还不至于，有点儿着急倒是真的，这里，"邓希贤拍了拍肚子说，"每天饿得受不了哦！"

"你看这样好不好，邓希贤，一有机会我就帮你推荐和介绍，你现在先在这里填写一张登记表，每天可以先在教育会里领取6法郎的生活补助费，杯水车薪，聊胜于无嘛！"

"那就先谢谢李先生了。"邓希贤说，"滴水之恩，当涌泉相报哦！"

实际上，每天6法郎，在当时连最基本的生活也难以维持，因此，邓希贤和同伴们每天只能吃两餐，一般都是自来水就干面包，偶尔加一点儿粗制的巧克力糖。如果想吃一点儿蔬菜、肉和蛋，那无疑就是一种奢华的享受了。

邓希贤在这样的日子里，一天天地在寻找着机会，同时也在品尝着生活的艰辛和苦涩。

这一天，他在教育会里无意中碰到了一个熟悉的四川同乡。这个同乡告诉他，在巴黎第十区的运河边上，有一家专门制作扇子和扎制纸花的香布朗小工厂，正在大量招收小工。

"我已经去过那里了，收入自是微薄，好在都像是女娃娃们做的工作，不累人，只需要心灵手巧，邓希贤，不如你也去那里做一阵子……"同乡建议说。

"看来，只要能够糊口活命，管他是啥子男娃娃、女娃娃的活计了。"邓希贤说，"走，我们一起去，总比待在教育会里'坐以待毙'要好嘛！"

1921年10月22日，邓希贤、邓绍圣和其他留学生一起，进入这家小小的手工作坊式的制作扇子和扎制纸花的工厂。

"绝处逢生，竟有人像哥伦布发现新大陆似的，在巴黎城中找到一种扎花工。"有一个当时也去过这家小工厂的、名叫罗汉的同学，后来回忆说，"困难到了极点的勤工俭学生，忽然发现了这个新大陆，不管工资厚薄，只要他肯受，便是好路径了。于是一拥拥去了一百多人。"

做工的报酬确实是够低的，每扎500朵纸花，才给10法郎。当时一个熟练的工人从早扎到晚，每天最多也只能扎七八百朵。

这家小厂子当时是在做一批为美国募集资金的订货。工人们用绸子或薄纱纸做成小花朵，然后把纸花缠在一根细铁丝上，再缠上一个写着"战后孤儿寡妇制"的小标签。

邓希贤和其他一百多名同学就在那里做啊扎啊，一个个都成了小小的"扎花匠"。

"好嘛，这样扎下去，待有一天咱们回到中国，都不愁活不下去了嘛！至少可以去开一个专给死人扎花圈的店铺了嘛！"有人耐不住寂寞和无聊，就自嘲地说起了玩笑话。

"要不得，要不得。我们现在这叫'大丈夫能屈能伸'！"有人给自己、也给同伴鼓劲说。

邓希贤说："对头嘛！这就叫作'暂借荆山栖彩凤，聊将紫水活蛟龙'。"

可是，好景不长，邓希贤和同伴们的扎花手艺刚刚变得有点儿熟练了，一天可以扎出能赚回十来个法郎的纸花数量了，有一天，老板却告诉工人们，这批订货已经做完，厂里没有再接到别的订单，所以，临时工人一律解雇。

于是，11月4日，邓希贤和同学们又一起失业了。他们在这里总共干了两个星期。

在这之后,为了生活,邓希贤又断断续续地做过不少零散的杂工:

曾去饭馆里做过临时招待工;和同学们一起,去车站、码头做过货物搬运工;在建筑工地上,当过清理砖头瓦片、搬送水泥的勤杂工;甚至还去铁路工段的火车头上,当过司炉工,即站在热浪滚滚的火炉前,不停地往燃烧的炉子里添加煤块……

所有这些工作,都是需要付出沉重的体力的。邓希贤小小的年纪,却在这些艰苦的体力劳动中摸爬滚打,吃尽了苦头。

辛苦的劳作，磨炼了他顽强的意志，也铸就了他吃苦耐劳和不折不屈的性格特点，同时也使他深深地体会到了"劳动创造世界"的真理。

他就这样断断续续地干着各种各样的变换不定的体力活儿，一直做到了1922年初春时节。

这时候，中国所有赴法国勤工俭学的青年学生们的生存环境，也正在发生变化，得到了一定程度的改善。具体表现在以下两个方面：

一是这时候法国国内的经济已经开始好转，不少工厂渐渐恢复元气，重新开张，勤工俭学的青年学生就业的机会正在增加……

二是因为"留法勤工俭学联合会"等青年学生组织已经成立，他们组织和领导了较大规模的勤工俭学学生"反饥饿运动"，并且经过斗争，成立了一个"留法中国青年法中监护会"。留学生们团结起来，以组织的形式和斗争的方式，维护自身的生存权利，提出了为"劳动权、读书权、面包权"而斗争的口号。这些斗争最终取得了一定的成果，留学生们的生存环境和生存权益有所改善。

还在1921年5月的时候，17岁的邓希贤就曾经在一份要求解决勤工俭学学生求学问题的请愿书上签下了自己的名字。

当时，组织和领导留法勤工俭学青年学生运动的领导者，是一批比邓希贤更早到达法国、年龄稍大、政治经验也比较成熟的进步青年。这些人包括周恩来、赵世炎、蔡和森、陈毅、李维汉、王若飞、向警予、李富春、刘伯坚、李慰农等。这批进步的爱国青年，在不久之后的日子里，在中国现代革命的行列里和政治舞台上，还将各自担任着重要的角色。现在，他们的影响力已经开始在广大的勤工俭学的青年学生中发挥着作用。

邓希贤，也将在不久之后，与这些人走得更近，甚至直接站到他们的行列中去，成为其中的一分子。

毛毛在她的书中，这样写到了1921年的邓希贤："父亲虽已在国内参加过'五四运动'，虽已饱受勤工俭学遭遇的磨炼，但那时的他，还仅仅只具有初步的觉悟和进步意识，还未接受到马克思主义思想的感召，还未跻身于自觉地与黑暗势力进行斗争的行列。"

是的，现在，他还只能远远地仰望着他们。

不过，他似乎已经隐约地听见了，他们对所有要求进步、向往光明的青年学生召唤的声音……

—30—
在哈金森橡胶工厂里

当矮壮的、有一张宽额孩子脸的18岁的邓走进简单的小城火车站的候车室里时,他自己完全知道要去哪里。在从巴黎的里昂火车站去小城蒙塔尔纪的90分钟旅行中,他又把普安特大街的同志的指教回忆了一遍。……他没乘昂贵的出租汽车,而是走路,他要去的目的地离火车站只有5公里远。一开始他沿巴黎—里昂的公路步行,不久左拐,继续向市中心直走,在运河前面不远又右拐,朝沙莱特方向走去。他登上一个小山包,然后询问市政厅在哪里。

这是出现在《邓小平传》的作者乌利·弗兰茨笔下的一段描写。

这一天是1922年2月13日。

早春时节的巴黎郊外,枫香树和橄榄树尚未发出新叶,小松鼠还在一些残留着积雪的地方跳来跳去，寻找着可能藏在雪堆里而被忘记的松子或橡子一类食物。小麻雀们也在树枝间不停地叫唤着，好像在交谈着它们的新发现……

邓希贤今天的心情特别好，在郊外走了大半天路了，仍然也不觉得劳累。实际上天气还有点儿寒冷，可他分明已经走得出了热汗，头上似乎在冒着热气。

一路上，那些可爱的小松鼠，似乎一点儿也不担心他会伤害它们，只顾着在路旁的松树下和橡树下奔来跑去的。

邓希贤吹着口哨，掏遍了口袋，也没有找出一点儿干面包渣之类的食物送给它们。"对不起了，小家伙们！"他自言自语地说道，"你们都看到了吧，我现在身上是一无所有啊！"

这一瞬间，他甚至觉得自己也像这些早春时节的小动物一样，正在为生计问题而忙碌着、奔跑着呢！

没有错，他确实是在为生活而奔走着。最近，经过多方奔走，他已经在位于巴黎以南的卢瓦雷省的一个小城镇蒙塔尔纪的哈金森橡胶厂里，找到了一份新的工作。此刻，他正走在去往这家工厂的路上。

蒙塔尔纪的旁边有个名为夏莱特的、只有三千名居民的小镇子，"老字号"的哈金森橡胶厂就在夏莱特镇上。据说，这是当时欧洲最有名的一个橡胶厂，厂里的工人主要来自中国、印度、越南以及白俄罗斯。1922年的时候，厂子里已有上千名工人，其中中国勤工俭学学生有三十多人。他们主要的工作是制作橡胶轮胎、雨衣和鞋子等。

2月13日，邓希贤在夏莱特市政厅里的外国人登记簿上做了身份登记，写明了自己名字"邓希贤"以及父母的名氏和出生年月。他的身份卡号为1250394。

第二天，他进入了哈金森厂，被分配在制鞋车间，开始了新的工作。他的工号为5370。

他的工作是制作下雨天穿用的套鞋，制作套鞋的工序是简单和枯燥的：先将上一道工序传送过来的鞋底、鞋垫和鞋帮等，一一摆放在工作台的木模上，然后给衬里刷上胶水，粘贴上去，最后压紧成型。

他每天要工作十个小时，星期六还要工作半天。厂子里给新工人实行计时工资，熟练后就实行计件工资。

邓希贤很珍惜这份工作。他干得很投入，也很卖力。再加上他心灵手巧，所以不久就熟练了这份手艺技术，做起鞋子来又快又好。别人一般每天只能做出十来双鞋子，而他可以每天完成二十几双，挣得十五六个法郎呢！

这份工作属于轻体力劳动，邓希贤向同伴们介绍自己的"劳动经验"说："没有啥子窍门啦，熟能生巧嘛！"

而且这里厂房宽敞亮堂，生活费用也比较便宜。虽然劳动收入仍然十分微薄，但邓希贤在这里心情比较舒畅。他们居住的工棚附近，还有一片安静的小树林，星期天休息时，邓希贤喜欢到小树林里散散步，思考一些问题。

这时候他的法文水平也提高得很快，能看一些法文书了。有时候，他就带着一本法文书到小树林里，找个地方坐着看。同伴们有时会跟他开玩笑说："邓希贤，你这么用功，将来回国想去当教授吧？"

邓希贤笑着回答道："啥子教授嘛！我做梦也没有想到要做

教授！我是这样想的，反正星期天也没得工做，只好看点儿书，学一点儿是一点儿嘛！要不然，光剩下'勤工'而没有'俭学'了嘛！那可要不得！"

渐渐地，邓希贤成了哈金森工厂的中国学生工棚里最活跃的青年人了。他自己也没有想到，他在这里竟然会生活得这么快乐。他更没有想到，这里竟也成了他人生道路上一个重要的转折点。

这是因为，他在这里认识和靠近了两个对他来说十分重要的人物：赵世炎和王若飞。

其实，还在施奈德钢铁厂里做轧钢工时，邓希贤就认识了四川同乡赵世炎。当时这位年龄比邓希贤大、对邓希贤甚为关心的大哥哥，给邓希贤留下了极其和蔼可亲的印象。但他当时并不知道，赵世炎是留法青年学生中的政治领袖之一。不久，赵世炎还将担任"旅欧中国少年共产党"支部书记的职务。

不过，赵世炎对邓希贤这个意志坚定、做事有骨气、讲尊严的小个子四川学生已经有所观察和注意了。因此，他在施奈德钢铁厂的轧钢车间里，就曾对邓希贤说过这样的话："小兄弟，我非常喜欢你的性格。今后有什么事情，可以找我哦！记住我的名字叫赵世炎……"

邓希贤没有想到，赵世炎竟也来到了哈金森厂，并且还带来了一位名叫王若飞的新伙伴。

"邓希贤，你让我找得好苦啊！"这一天，赵世炎带着王若飞来到邓希贤面前，高兴地说道，"原来你从轧钢工变成一个小鞋匠了嘛！"

"惭愧惭愧！赵大哥见笑了，我这好比是放牧人逐水草而居呢。"邓希贤说，"赵大哥也来这里工作，太好了，这里今后就更热闹了嘛！"

"邓希贤，你弄错了，今后要在这里工作的不是我，而是我的这位朋友，贵州人王若飞先生，你们先认识一下嘛！"

就这样，通过赵世炎的介绍，邓希贤认识了青年革命者王若飞。

"邓希贤老弟，你是先来的，老资格了，今后在工作上要多帮帮若飞啊，听说你做鞋做得麻利得不得了，名声在外了，好哇！能把一双普通的雨鞋做好，也就可以把别的事情做好嘛！"

"赵大哥过奖了。请你放心，今后我会和若飞兄互相帮助、互相照应的。"

在此后的日子里，正是因为王若飞的到来，邓希贤在思想觉悟和人生道路的选择上，发生了重要的变化。

－31－
少年奋斗者

王若飞是贵州安顺人，生于1896年，比邓希贤大八岁。

在来到法国勤工俭学之前，1918年，王若飞曾经跟随自己的舅父、贵州著名爱国士绅黄齐生先生先到日本留学了一年。1919年10月，他又跟随舅父来到法国，先在枫丹白露公学学习法语，然后又到里昂附近的一家钢铁厂做过工人。

在进入哈金森橡胶厂之前，王若飞作为一名较早来到法国、年龄稍大、政治经验也比较成熟的进步青年，已经成为留法勤工俭学学生运动中的领导者之一，和周恩来、赵世炎、蔡和森、陈毅、李维汉等人一起，正在留法青年学生中间悄悄地发挥着他们的进步作用和政治影响力。

来到哈金森橡胶厂，认识了邓希贤之后，王若飞对这个个头不高，但说话做事颇有主见、性格坚毅的四川青年开始了特别的关注。或许，在这之前，他对邓希贤来法国后的经历已经有所了解，并且认定他有良好的记录和潜在的革命素质。于是，在收工之后、休息间隙，王若飞经常有意或无意地，把一些来自国内的进步刊物和马克思、恩格斯的著作，介绍给邓希贤阅读。这些读物包括《共产党宣言》《国家与革命》《历史唯物主义》《新青年》《向导》等。

工棚附近的那片小树林，成了他们常常去散步、谈心的地方。而这些进步的革命书刊，就像洒进小树林的金色晨光，使邓希贤对马克思主义有了初步的认识和理解，并且从心里感到了光明、希望和温暖。

根据当时另一位在哈金森橡胶厂做工的留法学生郑超麟的回忆，他们当时的工余生活大致是这样的：

中国勤工俭学青年们所居住的工棚里，有四十多个铺位，青年学生们为了节省开支，自愿地搭伙做饭，推举出两个人当厨师，并且按照当时工厂的计时制付给相应的工资，所有伙食开支账务公开，每人每天伙食费大约三个法郎。早晨一般是面包咖啡；中午和晚上两餐会有点儿肉、蛋类菜肴。房子则不需要付任何费用。

这样一个月下来，像邓希贤这样做事比较麻利和勤快的"计件工"，大致可以有二百个法郎的结余。邓希贤之所以在这里做工做得很愉快，大概跟每月的这份收入也有关系。

他尽量节省和积攒着自己挣到的每一个法郎。他的内心里还没有忘记自己来法国的那个梦想：那就是勤工俭学——先依靠劳动，勤工苦做，待稍微有了一点儿积蓄后，再谋求俭学的可能。

付出的劳动有了些许的收入，虽然是那么微薄，但经常会有一些进步的书刊出现在枕头下，伴随着他的工余生活，指引着他的精神和思想的方向；更有像王若飞这样比较成熟的老大哥和青年革命者，在悄悄地关注着他、帮助和引导着他的成长……邓希贤感到，自己生活的空间一下子变得开阔了许多，自己人生的视野变得宽广，人生的质量和意义，也变得充实和有所提高了。

在日常生活中，他那乐观、幽默的性格也得到了充分的发挥。

据郑超麟回忆说，每到晚饭后至熄灯睡觉前的那两三个小时里，工棚里总是十分热闹，而最活跃的一个人，就是那个长得矮矮的、胖胖的，年龄只有18岁的四川少年邓希贤。他总是快快乐乐的，一会儿走到这一角同人说笑话，一会儿又走到那一角找人开玩笑，整个工棚里的青年都很喜欢他，他的乐观和积极的精神状态感染着每一个远离家乡、身处异国的少年同伴……

当时住在同一个工棚里的，还有汪泽楷、李慰农等人。

少年奋斗者

这一天，邓希贤又坐在小树林里专心致志地看报。此刻，吸引着他的是一篇署名为"周恩来"的文章，标题是《勤工俭学生在法最后之运命》。

"周恩来"这个名字，邓希贤早就听说过，只是一直无缘谋面。他也不止一次看过周恩来的文章，并且约略知道，他和王若飞、李富春等，都是中国留法青年学生中的佼佼者，是一些少年"布尔什维克"。现在，仔细读过了周恩来这篇最新的文章，邓希贤内心受到了极大的震动。周恩来在文章里提出的一些问题，也使邓希贤陷入了沉思。

例如，这篇文章中的一段话："途穷了，终须改换方向。势单了，力薄了，更需联合起来。马克思和恩格斯合声嚷道：'世界的工人们，联合起来啊！'他们如今也觉悟了：'全体勤工俭学的同志们，赶快团结起来啊！'"

邓希贤觉得，周恩来的文章充满了爱国图强的热望，句句话都说出了留法青年学生的心声。

正在这时，王若飞也走进了小树林，老远就和邓希贤打招呼："好你个邓希贤，到处找不到你，我就知道，你又偷偷跑到这里给自己'加油'来了！"

"啊，若飞兄，你来得正好，我刚刚看到一篇好文章！正好一起分享嘛！"邓希贤兴致勃勃地说道，"正所谓'奇文共欣赏，疑义相与析'嘛!"

"哦,是谁的文章,引起你这么大的兴趣?"

"周君恩来!不晓得你认不认得他?好深刻哦!"

"你说的是那篇《勤工俭学生在法最后之运命》吧?我早已拜读过了。我来找你,就是想要告诉你一个好消息……"

"啥子好消息?是不是给我找到新的求学门路了?"没等王若飞说完,邓希贤就迫不及待地问道。

"一个比寻找求学门路更有意义的消息!"王若飞说,"邓希贤老弟,从周君的文章里你是否已经感到,我们来法勤工俭学的中国学生,有联合起来、团结起来,共同参与爱国图强的大业的必要?"

"对头嘛!既然联合起来更有力量,为什么不呢!全世界无产者都应该联合起来!马克思就是这样说的嘛!"

"那么,邓希贤,我先问你,假如现在就有这样一个让所有勤工俭学的青年学生团结和联合起来的组织,你愿不愿意参加呢?"

"当然愿意!"邓希贤毫不犹豫地说道。

"你可以不必这么快回答我。"王若飞说,"你要明白,邓希贤,这样一个组织,对于个人来说,并没有任何利益可图,甚至还会在一定程度上牺牲个人的某些利益。因为,这样一个组织,从根本上讲,是为了大多数人——无产者、学生、劳苦大众谋求福利,而不是为了个人一己的利益……"

"王大哥,既然如此,那我就更不会有什么犹豫了!"邓希贤说,"请你相信我,这段日子里你送给我看的那些书刊,我还是看进去了的。"

"好,邓希贤,你能这么说,我很高兴!我也果然没有看错人啊!"

"王大哥,我十分愿意跟着你们走……"邓希贤高兴地握着王若飞的手,坚定地说道。

不久前,1922年6月3日,一个旨在团结和联合中国留法勤工俭学青年学生的组织——旅欧中国少年共产党(后改名为"旅欧中国共产主义青年团"),在巴黎正式成立。18名代表参加了"旅欧中国少年共产党"第一次代表大会,并选举出了该组织的领导机构,即"中央执行委员会":赵世炎任书记,周恩来任宣传委员,李维汉任组织委员。"执委会"办公地点设立在巴黎十三区戈德弗鲁瓦街17号的一个小旅馆的楼上。

这年夏天,在哈金森橡胶厂,邓希贤度过了自己的18岁生日。

在邓希贤的内心里,一直埋藏着他初来法国时的那个梦想:那就是先依靠劳动,勤工苦做,待稍微有了一点儿积蓄后,再谋求俭学的可能。

所以，在哈金森橡胶厂做工将近一年的时间里，他省吃俭用，已经积攒了一小笔钱。加上在1922年年底，他的父亲又从四川老家给他汇来了一点儿钱，他自然又想起了埋藏在心中的那个求学的梦想。

于是，1922年10月17日，他和邓绍圣一起辞去了哈金森橡胶厂的工作，并且于11月3日离开了夏莱特市。他们所填写的去向是塞纳的夏狄戎中学。可见，他是奔着继续求学的梦想，而去了一个新的地方。

然而，仅仅两个月后，即1923年2月1日，他们又回到了夏莱特。他继续上学的梦想并没有实现。原因不是别的，而是他积攒下的和家里汇来的那点儿钱，根本就不够交学费。

至此，他在法国求学念书的梦想，算是彻底地破灭了。在他以后的生涯中，除了曾经在"十月革命的故乡"苏联进过中山大学外，他再也没能进入过任何正规的学校学习。他以后的全部知识积累和文化修养，都来自他勤奋的自学和生活、工作、革命实践。

邓希贤是一个酷爱学习的人。我们从他小时候在广安家乡的生活中，就已经对他的勤奋好学有所了解了。他的女儿毛毛在《我的父亲邓小平（上卷）》里，写到他在哈金森橡胶厂的这段求学不成的小插曲时，写了这样一段文字：

"父亲爱学习，终生爱学习。他从书本中学习，从工作中学习，从社会生活的大课堂中学习，更从革命斗争的实践中学习。他从社会实践和革命实践中的所学所得，多于学校，胜于学校。

"父亲特别爱看书，什么书都看，中外古典名著、历史人物传记、时势评论专辑乃至整本整册的二十四史，他通通都喜欢读。在历史古籍中，他最喜欢读的，还是《资治通鉴》。父亲还有一个爱好，就是翻字典。我从小就常常受父亲的差遣，为一句话，为一个词，为一个字，去翻《辞海》《辞源》和《康熙字典》。"

邓希贤勤奋好学的习惯，即使在异国他乡，在艰辛和漂泊不定的做工日子里，也没有改变。

1923年2月2日，他和邓绍圣一起又回到了哈金森橡胶厂，继续在制鞋车间做工。

他经常一边做工，一边自学。

当然，这段时间里他读得最多、最喜欢阅读的，还是一些马克思主义的书籍，如《马克思主义原理》《马克思经济学说》《共产主义方略》《资本论》等。

邓希贤无论做什么事都是那么麻利。他从厚厚的《资本论》

中，把一些重点的和大家目前能够理解的章节摘录出来，又从法国共产党组织创办的机关刊物《人道报》上，剪辑下一些重要消息和理论文章，在每一次讨论会上发给大家，供大家讨论和学习。

当时，"旅欧中国共产主义青年团"在宣传委员周恩来的建议下，创办了一份名为《少年》的机关刊物，这份刊物在进步的勤工俭学青年中广泛传播着，发挥着巨大的影响。上面有不少文章都是周恩来等人撰写的，邓希贤和朋友们都喜欢阅读，经常互相传阅、研究和讨论……

他们讨论的话题，有的是来自《少年》杂志刊登的文章，有的是来自马克思、恩格斯的著作，有的则来自一起做工的青年同学的疑问和感想。

他们讨论过俄国革命、法国大革命，以及共产主义道路的问题，还讨论过有些同学所幻想和主张的"实业救国""国家社会主义"等问题……

毛毛在她的书中记下了她的父亲后来对自己初步接受了马克思主义影响的这段时光的回忆：

"……从自己的劳动生活中，在先进同学的影响和帮助下，在法国工人运动的影响下，我的思想也开始变化，开始接触一些马克思主义的书籍，参加一些中国人的和法国人的宣传共产主义的集会，有了参加革命组织的要求和愿望……"

1923年3月7日，当他又一次离开了哈金森橡胶厂时，哈金森橡胶厂工卡上的档案记录着，他离开工厂的原因是"拒绝工作"。

实际上，并不是他不愿意在这里工作了，而是因为他将回到巴黎去领受一项新的革命任务。

1923年夏天，邓希贤光荣地加入了"旅欧中国共产主义青年团"，成了旅欧青年共产主义组织中的一位少年"布尔什维克"。汪泽楷是他的其中一位入团介绍人。和他同时举行了入团宣誓仪式的，还有当时也在法国留学的青年女革命家蔡畅等人。

从此以后，邓希贤的一生，就和马克思主义，和无产阶级，和中国共产党，和全世界的共产主义事业，紧紧地联系在了一起。他将在以后的革命生涯中，经历无数的风风雨雨，贡献自己的全部力量、热情和智慧。

1926年，当邓希贤根据党的安排，离开了法兰西，到达了伟大的十月革命的故乡——红色苏联之后，他也曾对自己在哈金森橡胶工厂的这段日子的精神变化做过自我总结。他说："生活的痛苦，资本家的走狗——工头的辱骂，使我直接地或间接地受到了很大的影响，最初对资本主义社会的罪恶略有感觉，然以生活浪漫之故，不能有个深刻的觉悟。其后，一方面接受了一点儿关于社会主义尤其是共产主义的智识，一方面又受了已觉悟的分子的宣传，同时加上切身已受的痛苦。"终于使他坚定不移地选择了共产主义革命的道路。

作为革命队伍里年轻的一员，他正在迅速成长和成熟起来。

神圣的事业，伟大的理想，正在指引和召唤着他，朝着一个职业革命家的方向迈进……

— 32 —
"油印博士"

1923年2月17日至19日，旅欧中国少年共产党在巴黎召开临时代表大会。会议决定，将"旅欧中国少年共产党"改名为"旅欧中国共产主义青年团"。周恩来当选为执行委员会书记。同年6月11日，邓希贤离开了夏莱特来到巴黎，不久之后他正式加入旅欧中国共产主义青年团。

1923年夏季，旅欧中国共产主义青年团第二次代表大会在巴黎召开。19岁的邓希贤也参加了这次大会。他到巴黎后，一边在工厂做工，一边在旅欧共青团执行委员会（支部）担任宣传干事一职。1923年底，他离开了工厂到书记部工作，主要参加编辑《少年》刊物。

于是，这一天，邓希贤风尘仆仆地来到了巴黎戈德弗鲁瓦大街17号。

"周恩来同志，你好！邓希贤前来报到！"一进门，邓希贤就看到了身姿挺拔、相貌英俊的周恩来正在那里和同事们谈论什么事情。

"哦，邓希贤！'说曹操，曹操到'！"周恩来一见邓希贤，连忙迎上去说，"你跑得很快嘛！看你满头大汗的样子！先坐下，喝口水再说。"

"我不累，就是有点儿诚惶诚恐嘛！"邓希贤接过周恩来递来的茶缸，说，"请书记同志尽快分配任务吧！"

"不急，不急。你吃住的地方安顿下来了吗？"

"都安顿好了，同志们都很热情，真有点儿'宾至如归'的感觉呢！"

"是啊是啊，今后，这里就是你的，哦不，是我们大家共同的'家'啊！来，我先带你参观参观我们的'办公室'。"说着，周恩来就带着邓希贤来到一个工作间。

只见一个大约只有十来平方米的小房间里，有一张床、一张小书桌，一把椅子，两只凳子，以及别的几件简易的家具。小书桌上放着一台简易的油印机和一块不大的钢板。房间一角，整齐地堆着高高的一摞书刊资料和一些裁切好了的纸张。

"邓希贤同志，你大概没有想到吧？大家所看到的每一期《少年》，就是从这个小小的房间里出笼的。"周恩来向邓希贤介绍说，"这里就是旅欧共产主义青年团执行委员会以及《少年》

少年邓小平

编辑部办公的地方。"

"此外,这里似乎还是恩来同志'下榻之地'吧?"邓希贤惊叹地说道,"不是亲眼所见,真想象不到,一份伟大的杂志,竟然是诞生在如此狭窄的房间里!"

"所以说嘛,伟大的生命,不一定诞生在伟大的房间,伟大的作品,也不一定产生在伟大的宫殿。"周恩来风趣地说道。

"对头,对头!这也叫作'暂借荆山栖彩凤,聊将紫水活蛟龙'嘛!"

"说得好!"周恩来满意地说道,"邓希贤,个子虽小,心地远大,而且意气怡然,同志们的眼光不会错啊!"

"过奖了嘛!"邓希贤说,"我当不辜负周恩来同志和其他各位同志对我的信任,为这个伟大的理想效力!"

"好,好的!一个革命者,就应该如此。"周恩来听邓希贤这样说,也就更加兴奋起来,继续说道,"马克思早就说过,如果我们选择了最能为人类福利而劳动的职业,那么,重担就不能把我们压倒,因为这是为大家而献身;那时我们所感到的就不是可怜的、有限的、自私的乐趣,我们的幸福将属于千百万人,我们的事业将默默地但是永恒发挥作用地存在下去,而面对我们的骨灰,高尚的人们将洒下热泪……"

邓希贤对马克思的这段话,也早就熟悉,可是,今天听周恩来用带有江苏淮安口音的声音郑重其事地说出来，不禁感到一种崇高和庄严的激情在自己心中升起。他走上前，一把握住周恩来的手说："恩来同志，我明白你这番话的分量，请你放心……"

"好吧，那么我们现在来谈具体的工作……"

旅欧中国共产主义青年团调邓希贤来的主要任务，就是协助周恩来编辑、出版和发行《少年》杂志，同时也做些执委会机关的事务性工作。因为机关经费紧缺，所以，邓希贤白天仍然得出去做工，赚取个人的生活费用，晚上就回到这个小小的工作间和周恩来一起编印刊物。

"邓希贤，我仔细研究过你写的字，你写字很有力，颇有功底，笔画清晰，有点儿'柳（公权）体'的味道，又有点儿'瘦金体'的样子，这样倒很适合刻写蜡版的要求。因此，今后每期刊物的刻印工作，就非君莫属了。"这天夜晚，周恩来满怀期待地对邓希贤说。

"过奖过奖，愧不敢当。不过这得感谢广安老家的私塾老先生的训练了。"

"看来，中国的私塾教育，也并非一无是处嘛！凡事都得一分为二来看待。"

"要得嘛！那时候要是知道写字还有今天这个大用场，我自然会写得更好才是嘛！"

两人说笑之间，就开始了即将出版的一期杂志的编印工作。

在一团小小的橘黄色的灯光下，周恩来把一些已经定稿的文章交给邓希贤。邓希贤满怀兴奋却又十分仔细地阅读一遍后，核对了页码和顺序，便在那块小小的钢板上，铁笔银钩地刻写起来。

他虽然是第一次做这个工作，但他明白，他是在行使着神圣和伟大的使命。这份小小的杂志，就像秋日的大地上的蒲公英花球，将带着一颗颗种子，飞遍巴黎，飞翔到整个欧罗巴，甚至飞翔到世界的各个地方，传播真理、光明和希望！小小的杂志，将把马克思主义和共产主义运动的真理，播撒到每一个向往进步的爱国青年学生的心中……

一连忙碌了几个通宵，邓希贤终于把最新一期《少年》杂志刻写、油印、装订完成了。看着自己在蜡纸上一笔一画刻写出来的字，油印成了一本本刊物，纸页间散发着新鲜的油墨的气息，邓希贤感到了无比的满足和自豪。

他想，不久，这一本本刊物就会像张开的翅膀一样，飞遍巴黎和欧洲，飞到那些工厂、车间和校园里，飞到那些勤工俭学的青年学生们的手上。这时候，他更加真实地感到，自己从工作中所获得的，再也不是什么可怜的、有限的和自私的乐趣，自己的幸福将属于千百万人……

"我就说嘛！邓希贤就是邓希贤，做什么像什么嘛！"翻看着新一期刊物上那清晰而有力的篇篇页页、字字句句，周恩来高兴地夸赞邓希贤说，"好，真漂亮！比我刚开始刻蜡纸的时候好多了！邓希贤同志，应该祝贺你啊！"

从此以后，邓希贤白天出去上班，晚上回来就一心扑在杂志的刻写和印刷上。他富有成效的工作赢得了周恩来和各位同志以及广大读者的好评。

不久，随着斗争形势的发展，《少年》杂志改版为《赤光》，刊物风格也从原来的偏重理论指导，转向具有更强的实践性和战斗性。

《赤光》还有一个极具革命朝气和奋发向上精神的封面形象：一个充满朝气的少年赤子，两只手分别握着号角和旗帜，在一片晨曦的照耀下，脚踏大地，奋勇向前……这个坚毅、乐观的少年形象，是自由、希望和青春的象征，也代表着一种新生的、伟大的真理和力量。

"好！你看这个赤身的少年，看上去是一无所有，正好也代表着所有无产者嘛！他站立在广阔的大地上，正在向全世界宣告，明天，我们就会拥有一切！"这个由柳溥庆设计的、富有战斗气息和新生力量的封面形象，赢得了周恩来和其他同志的一致称赞。

《赤光》是半月刊，16开本，每期十几页，文章形式大都短小，且活泼多样，所以，刊物一面世，就受到广大留法青年学生的喜爱，发行量也在原来的基础上有了较大的增加，被青年学生们称赞为"我们奋斗的先锋"和"旅法华人的明星"。

邓希贤除了负责刻写和油印刊物，有时还用"邓希贤"的本名或化名写一些时事评论文章。他的文章言辞泼辣、极具锋芒和战斗性，带有一种四川人特有的辛辣和智慧。

当时，周恩来作为旅欧中国共产主义青年团的主要领导者之一，经常会去德国、比利时等地开会或奔走，许多时候，《赤光》杂志从组稿约稿到分栏编辑，从排版刻写到油印装订，都由邓希贤负责。他常常在灯光下忙碌到天亮，不知东方之既白……

看着一期期刻印清晰、字体娟秀、装订整齐的刊物，同志们和朋友们不无风趣地一致"授予"邓希贤"油印博士"的头衔呢。

— 尾声 —
再见，法兰西

时光的脚步正朝着明天迈进，邓希贤也在革命的阵容里一天天进步和成长。恰同学少年，风华正茂；书生意气，挥斥方遒。指点江山，激扬文字……一个少年奋斗者、少年革命者，正在朝着他心中伟大的理想和事业走去。

在经过了旅欧中国共产主义青年团第二、第三和第四次代表大会之后，邓希贤越来越多地参与和担负起了青年团的一些具体的领导职务。

1924年7月13日至15日，旅欧中国共产主义青年团在巴黎召开第五次代表大会。邓希贤被选入执行委员会，担任领导职务，成为旅欧中国共产主义青年团书记局里三位核心领导成员之一。

根据当时中国共产党的党内制度，凡是担任了旅欧中国共产主义青年团执行委员会领导职务的成员，即正式成为中国共产党旅欧支部党员。因此，就是在这一年的这个月里，邓希贤成为一名正式的共产党员。这时候，他还差一个月才满 20 岁。

这一年，因为国内革命斗争形势的需要和党组织的统一安排，旅欧支部里的一些重要领导人，相继返回祖国领导和参加国内的革命斗争，有的则被安排到红色苏联去学习，然后再回到祖国。

周恩来在参加完"旅欧中国共产主义青年团"第五次代表大会后，就按照组织的安排，回国领导革命工作去了。

临走前，邓希贤对这位像亲切的兄长一样关心和帮助自己成长的领路人和战友依依不舍，拉着周恩来的手，久久不愿松开。

"邓希贤同志，革命形势发展很快啊！你在这里还要坚守岗位，继续发挥更大的作用啊！"周恩来叮嘱邓希贤说，"再见吧，但愿我们能在不久的一天，在国内，在同一个战壕里，再次相聚！"

"会的，一定会的！你要多保重啊，老大哥！我会经常想念你的！"邓希贤紧紧地拥抱着这位亲切的兄长。

周恩来回国后，《赤光》杂志的编辑和出版工作，几乎全部落在了邓希贤身上。他不仅要编辑、刻写和油印刊物，更要拿起犀利的笔，亲自撰写各类战斗性的文章。

1924 年 10 月 10 日，"国家主义派"以旅法华人各团体联合会的名义散发"国庆节"开会程序传单，并召开了一个所谓的"国庆节纪念晚会"，宣扬此举大大利于联络法国人民的感情，便于他们了解我国之真相。

"国家主义派"是在旅欧留学生中以曾琦、李璜为首的中国青年党，是一九二三年十二月在法国巴黎成立的。他们对外用"中国国家主义青年团"的名义，标榜国家主义，人们习惯称他们为"国家主义派"。"国家主义派"以在巴黎办的《先声》周报为阵地，宣传"国家至上"，否定阶级斗争，反对中国共产党的政治主张，反对共产党员加入国民党实行国共合作，反对建立反帝反封建的革命统一战线。

邓希贤等一百多名旅欧共产党员、青年团员，对此进行了针锋相对的斗争。邓希贤亲自撰写文章在《赤光》上发表，揭露和抨击了"国家主义派"的卑劣和虚伪的真相。

他写道："……自命为肩负救国重任并以旅法华人领袖自居的青年党，他们所主持的'国庆纪念会'却是'音乐悠扬的奏乐'，肖妙至极地扮演，体态活泼地跳舞。他们干了一夜，这本是青年党的十月十日俱乐部、跳舞会，他们却偏说是旅法华人的国庆纪念会。请看这是何等的捏造！何等的欺骗！"文中质问道："当国内直皖战于南，奉直战于北的时候，而他们反歌舞于花都，这明明是'贻笑外人'，哪里谈得上什么革命活动？"

邓希贤笔触锐利，所向披靡，显示了一个青年革命家鲜明的政治立场和昂扬的战斗姿态。

1925年春天，邓希贤作为中共旅欧支部的特派员，被派到里昂地区，领导那里的党团工作。那些日子里，他真是忙碌啊！一会儿巴黎，一会儿里昂。工作者是美丽的，而在斗争和奔波中，他强烈地感到了一个革命者所肩负的重任。

1925年5月30日，震惊中外的五卅运动爆发了！在中国共产党的领导下，一场反对帝国主义的爱国群众运动，迅速蔓延到全国各地。

消息传到欧洲和法国，中共旅欧支部和青年团旅欧支部立即响应，领导着留法学生和爱国华人在巴黎塞纳河畔举行了大规模的反帝斗争大会。

邓希贤这时从里昂回到巴黎。作为一个青年革命家和支部领导人，他亲自参与组织和领导了这场声势浩大的示威集会。然而，他的身份也因此引起巴黎警察的怀疑和秘密的跟踪与监视。

为了便于领导和开展更多的革命工作，1925年11月6日，邓希贤进入巴黎著名的雷诺汽车厂钳工车间做钳工。"钳工"身份，成了他发动工人和青年学生投入反帝爱国运动的一个很好的掩护。

但是，随着越来越多的激进青年和活跃的共产党员、青年团员被暗中监视、被秘密跟踪，甚至被逮捕，邓希贤和他的战友们的处境也越来越充满了危险和艰辛。

这时候，因为国内的革命形势的变化和下一步的斗争需要，中共中央决定，尽快安排邓希贤等十几位同志离开巴黎，做好随时去往红色苏联——伟大的十月革命和列宁的故乡，到莫斯科"中山劳动大学"学习的准备。

果然，法国警察突然出动，对邓希贤等人的住所以及居住过的旅社进行了搜查。警察的目标是"查找从事共产主义宣传的中国人"。

可是，当警察来到邓希贤等人的住处时，这里已经是人去屋空，连一张小纸片都没有留下。

警察做梦也没有想到，仅仅在头天晚上，也就是1926年1月7日晚上，他们所要搜捕的人，已经秘密地、机警地去了巴黎火车站，悄悄地踏上了向东驶去的国际列车……

这是1926年1月8日凌晨时分。

巴黎还在冬天的睡梦中，新的一天的太阳还未升起。

然而，神采奕奕的青年革命家邓希贤，以及和他一起秘密离开巴黎的战友们，此刻正坐在列车上，满怀澎湃的激情和昂扬的斗志，在长鸣的汽笛声中，向着一个崭新的革命目标，向着一个伟大的革命圣地，奔驰而去……

再见吧，巴黎！你这又美丽又傲慢的城市！

再见吧，法兰西！我和朋友们、战友们生活、工作和战斗了五年的地方！

邓希贤从车窗边眺望着在隐约可见的晨曦中匆匆闪过的巴黎的身影和渐渐退后的法兰西的土地，在心里庄严地说道。

他知道，更漫长的道路在等待着他和战友们。

一年之后，当邓希贤重新返回祖国的怀抱之时，他将不再是一个年少的四川学生了，也不仅仅是一个单纯的少年革命者，而是一位成熟的青年革命家，一位优秀的无产阶级战士，一位信念坚定的共产主义者了。

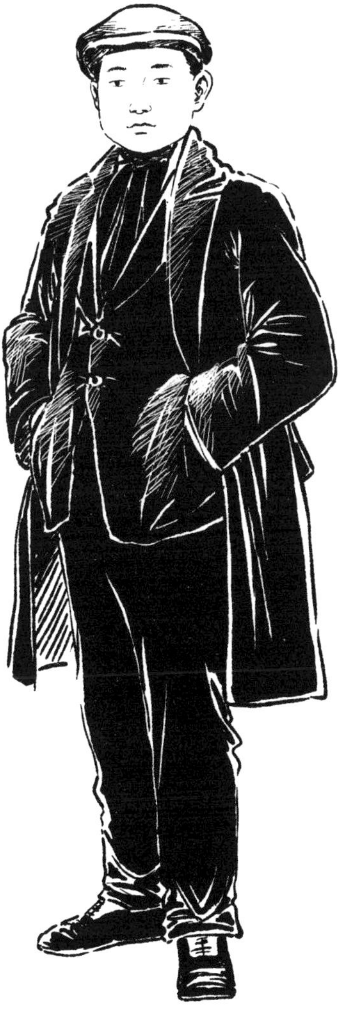